JN087193

東大卒税理士が教える

個人事業主・フリーランスの 節税の新常識

斎尾 裕史

同文舘出版

はじめに

　皆さんは、「個人事業の売上（利益）が◯万円になったら会社にしたほうが節税になるよ」というアドバイスを聞いたことがあるでしょうか？

　実は、このようなアドバイスを信じて会社を設立したところ、社会保険料の負担が数百万円も増えてしまい、経営難に陥るというケースがあります。

　逆に、年間100万円以上の国民健康保険料を払っていた個人事業主が、上手に会社を設立することによって、健康保険料が年間8万円で済むようになるケースもあります。

　個人事業を会社にすることを法人成りと言いますが、法人成りは税金対策になると多くの人が思っています。しかし、実は社会保険料の影響が非常に大きく、やり方を間違えると出費が大幅に増えてしまうのです。

　残念ながら、税金と社会保険料の両方を考慮して、本当に手取りを多くするにはどうすればいいのか、的確にアドバイスできる税理士は非常に少ないのが現実です。そもそも税理士は社会保険の専門家ではありませんので、仕方がない面もあります。

そこで本書では、社会保険料も含めて個人事業と会社を徹底的に比較し、「得する法人成り」の方法を明らかにしました。

　条件さえ合えば、業務内容を変えずに会社を設立するだけで、年間80万円以上、手取りを増やすこともできます。

　また、今の利益が400万〜500万円で、「会社設立なんてまだまだ」と思っているフリーランスの方でも、会社を設立することで手取りを増やすことも可能です。今まで聞いてきた「売上（利益）が〇万円になったら法人成り」という常識は忘れてください。

　本書に書かれている内容は、おそらく今まで誰からも聞いたことのない、斬新な方法であることは保証します。しかし、合法的に確実に手取りを増やせる方法ですので、きっと世の中に広まり、「新しい常識」となっていくものと確信しています。

　なお、もし会社を設立することになりましたら、拙著『東大卒税理士が教える　会社を育てる節税の新常識』（同文舘出版）も併せてお読みいただきますよう、お願いします。

　こちらの書籍では、個人事業では経費にならない支出を経費にしたり、法人税を最小限に抑える方法など、会社経営者の方に必ず知っておいていただきたい内容が詰まっています。

　本書ではもう1つ、インボイス制度についても詳しく説明しています。2023（令和5）年10月に導入されますが、インボイス制度の導入によって何がどのように変わるのか、どうすれば少しで

も負担を軽くできるのか、気になるところだと思います。

　特に、現在免税事業者の方には、とても大きな影響が出ます。経過措置などを利用し、手取りの減少を最小限に抑えるにはどうすればいいのかも解説しています。

　全体として、なるべくわかりやすい言葉で説明するように心がけましたが、具体的な税額の計算などは、難しく感じられる方も多いと思います。そのような場合は、各節の最初の会話文をご理解いただければ、解説は読み飛ばしても構いません。

　税理士の方が本書を読まれる場合は、計算の一部を簡略化したり、細かい条件を省略している部分もあるため、不足があると感じられる方もいらっしゃるかもしれません。

　本書の趣旨をご理解の上、本書の内容についてアドバイスされる際には、お手数ではありますが最新の法令や通達をご確認くださいますようお願いします。

　内容にご質問がある場合は、斎尾裕史税理士事務所ホームページ（https://saio.biz）のお問い合わせフォームからお送りください。2営業日以内にご返信を差し上げます。

　本書が、皆さまの手取りを増やすだけでなく、事業のさらなる発展に寄与できれば幸甚です。

2022年12月　　　　　　　　　　税理士・中小企業診断士・MBA

斎尾　裕史

本書の用語の使い方について

本書は、主に一般の方を対象に書いていますので、専門用語は一般的に使われている言葉に置き換えて説明しています。

例えば、以下のように表記しています。税務の勉強をされている方には違和感があるかもしれませんが、あらかじめご了承ください。

・法人税、住民税及び事業税　　→　法人税
・所得税及び復興特別所得税　　→　所得税
・役員報酬　　　　　　　　　　→　給料

本書の税額等の計算方法について

本書では、「この利益や給料が毎年続いた場合」の所得税・住民税や社会保険料を算定しています。実際は、給料が変わっても住民税や社会保険料はすぐに変更されないため、誤差が生じます。

また、特に断りがない場合は、年齢が40歳以上で、生命保険料控除、扶養控除などはないという前提で計算しています。

法人税の税額については、本来は法人所得で計算しますが、一般の方にはわかりにくいため、本書では税引前利益をベースに実効税率で計算しています。「この税引前利益が毎年続いた場合」の所得の予想額に基づいて法人税を計算しているため、利益の変動が大きい場合は誤差も大きくなります。

本書が準拠している法令等について

本書は、2022（令和4）年12月1日時点の法令（税法）に基づいて執筆しています。

また、法人税については、以下の実効税率で計算しています。実効税率とは、事業税を経費にすることによって減少する税金を考慮した税率という意味です。

法人税　税率と実効税率

会社の所得	税率	実効税率
400万円以下	22.39%	21.37%
800万円以下	24.86%	23.17%
5,000万円以下	36.80%	33.58%

※東京23区は若干異なりますが、ほとんど同じです。

国民健康保険料について

本書では、国民健康保険料（介護保険料を含む）を所得の10％として計算しています。しかし、実際には市町村によって計算方法にかなりバラツキがあります。

ご自身の試算をされる場合は、必ずお住まいの市町村に計算方法を確認してください。

はじめに
本書を読まれる前に

CONTENTS

CONTENTS

カバーデザイン　Isshiki（早川郁夫）　　本文デザイン・DTP　草水美鶴

1章

今まで誰も教えてくれなかった！

手取りを
本当に増やす
新・節税法

飲食店経営
Aさん

税理士

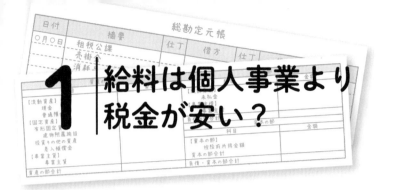

1 | 給料は個人事業より税金が安い？

🧑 「先生、はじめまして。私は5年前に飲食店を開業したのですが、そろそろ法人成りして会社にしたほうがいいのかと思いまして、今日はご相談に伺いました」
Aさん

👓 「はじめまして。順調そうで何よりですね。年間の利益はどれくらいですか？」
税理士

🧑 「売上が4,000万円、利益は1,000万円くらいです」

👓 「どうして会社にしたいと思われたのですか？」

🧑 「はい。個人事業より、会社にして給料をもらったほうが税金が安くなると友人から聞きまして……」

👓 「たしかに、会社の社長として給料をもらえば給与所得控除という控除が使えるので、税金は安くなります」

🧑 「どれくらい安くなるのですか？」

👓 「利益が1,000万円だとして、計算してみましょうか？」

🧑 「はい。お願いします」

👓 「計算できました。個人事業で支払う税金（消費税以外）は年間で216万円です」

🧑 「たしかに、合わせたらそれくらい払っていますね」

👓 「会社にして、利益をすべて給料でもらった場合の税金は、年間で119万円ですね」

「え、100 万円も違うのですか！」

「計算すると、そうなりますね」

「では、すぐ会社にしましょう！」

「ちょっと待ってください。会社にすると社会保険に入らなくてはなりません」

「社会保険に入ると、どうなるのですか？」

「今は、国民健康保険と国民年金に入っていると思いますが、支払い額は合わせて年間 117 万円くらいですよね」

「多分それくらいだと思います」

「それが社会保険になると、合わせて 245 万円になります」

「えー！　そんなに高いのですか！」

「税金と社会保険料を合わせると、個人事業なら 333 万円、会社だと 364 万円です。かえって出費が増えますよ」

「みんな、会社のほうが税金が安くなるって言っているじゃないですか！　あれはウソなのですか!?」

「ウソじゃないですよ。税金だけ比べたら会社のほうが安いです。社会保険料も税金みたいなものですけど」

「なぜ、社会保険料のことは誰も言わないのですか？」

「税理士は社会保険料のことは専門外なのですよ。だから節税となると、税金しか計算しない人が多いのです」

「それじゃ困りますよ！　社会保険料も考えたら、会社にしないほうがいいということですか？」

「それにお答えする前に、社会保険料の計算について、少し説明させてください」

解説

　皆さん、「法人成り」という言葉を聞いたことがあると思います。個人事業の組織形態を会社にすることを指しますが、法人成りをすると税金が安くなると思っている人が非常に多いのです。

　なぜ税金が安くなるのか。その理由として挙げられるのは以下の2つです。

---

①会社を設立し、社長として給料をもらえば「給与所得控除」という控除を使えるため、個人事業より税金が安くなる。

②会社に課税される法人税等（21 ～ 34％）のほうが、個人事業に課税される所得税等（15 ～ 58％）より安い。

　結論から言えば、**どちらの理由もウソと言ってもいいくらいの誤解**で、節税になるどころか、かえって**出費が増える**ケースがほとんどです。

　もちろん、会社を設立する目的は、本来は節税ではありませんので、必要があって会社にする分にはまったく問題はありません。また、本書で紹介する方法を活かせば、会社にすることで大きな節税メリットを得ることも可能です。それらも踏まえて判断していただきたいと思います。

　まず、この章では上記①の理由について、なぜ節税にならないのかを解説します。

個人事業と会社の税金の比較

	個人事業 （所得税等）	会社 （法人税等）
国税	所得税	法人税
	復興特別所得税	地方法人税
地方税	個人住民税	法人住民税
	個人事業税	法人事業税
		特別法人事業税
税率	約 15〜58%	約 21〜34%

※上記の税率は「実効税率」で計算しています。
　実効税率とは、事業税を経費にすることによって減少する税金を考慮した税率という意味です。

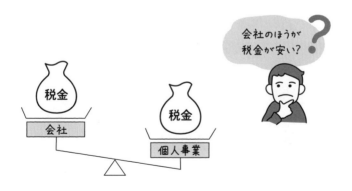

●給与所得控除とは

　まず、「控除」という言葉の意味は、税金を減らす特別ルールだとお考えください。

　会社から給料をもらう場合は「給与所得控除」、個人事業の場合は「青色申告特別控除」という控除が適用されます（後者は申請が必要）。上限はそれぞれ195万円、65万円です。

　例として、個人事業で1,000万円の税引前利益（所得税や事業税などを支払う前の利益）がある場合と、給料で1,000万円（税引前）をもらう場合を比較してみましょう。

　右の表では同じ収入に見えますが、個人事業だけ「個人事業税」という税金が掛かります。

　また、給料のほうが控除の額が大きいため、所得が小さくなっています。所得税や住民税は収入ではなく所得で計算しますので、給料のほうが所得税・住民税は安くなります。

　それで、「儲けを会社に入れて、給料でもらえば税金が安くなって得をする」と考えてしまうのです。

　たしかに、会社を設立して社長として給料をもらえば、大抵のケースで税金は安くなりますが、本当に「得をしている」と言えるのでしょうか？

　実は、この話には「社会保険料」という重要な視点が抜けているのです。

個人事業と給料の税金の比較（社会保険料を考慮しない場合）

	個人事業	給料
税引前利益・収入	1,000 万円	1,000 万円
★個人事業税	34 万円	0 円
実質的な利益	966 万円	1,000 万円
青色・給与控除	65 万円	195 万円
所得	901 万円	805 万円
その他の控除	165 万円	165 万円
課税所得	736 万円	640 万円
★所得税・復興税	108 万円	87 万円
★住民税	74 万円	65 万円
★税金合計	216 万円	152 万円

給料には事業税が掛からない

給料のほうが、控除額が大きい

他の条件は同じと仮定した場合

税金

給料

税金

個人事業

給料のほうが税金が安い？

●実際の収支はどうなる？

　実際に会社を設立した場合、利益の1,000万円をそのまま給料としてもらえるわけではありません。

　まず、会社の場合は法人税という税金が掛かります。会社を赤字にしないためには最低9万円の法人税を払う必要があります（赤字の会社の法人税は7万円ですが、赤字が続くと倒産します）。

　また、会社を設立すると、必ず社会保険に加入しなければなりません。社会保険料の約半分は会社が支払いますから、その支払いも考えて社長の給料を決めることになります。このケースでは、社長の給料として払える上限は867万円です。

　給料を867万円として税金等を計算すると、右の表のようになります（消費税は別の章で説明しますので、割愛します）。

　健康保険・年金については、一見するとあまり変わらないように見えますが、会社が負担した分も合わせると2倍以上の支払いになっています。

　それぞれの税金を足し合わせると、個人事業は216万円、会社は119万円ですから100万円近く安くなっているように見えますね。しかし、社会保険に加入することによって、健康保険・年金の負担は128万円も多くなっています。

　そのため、会社の設立を検討するときは、社会保険の仕組みについてよく勉強しておく必要があるのです。

会社にした場合のシミュレーション

会社	
社長の給料支払前の利益	1,000 万円
社長の給料	867 万円
●健康保険・年金	124 万円
★法人税等	9 万円
税引後利益	0 円

会社から
給料をもらう

事業主・社長個人		
	個人事業	給料
税引前利益・収入	1,000 万円	867 万円
★個人事業税	34 万円	0 円
実質的な利益	966 万円	867 万円
青色・給与控除	65 万円	195 万円
所得	901 万円	672 万円
●健康保険・年金 ＝社会保険料控除	117 万円	121 万円
基礎控除	48 万円	48 万円
課税所得	736 万円	503 万円
★所得税・復興税	108 万円	59 万円
★住民税	74 万円	51 万円
★税金合計	216 万円	119 万円
●健康保険・年金合計	117 万円	245 万円
税金と健康保険・年金の合計	333 万円	364 万円

半分は
会社が負担

負担は
会社のほうが
大きい

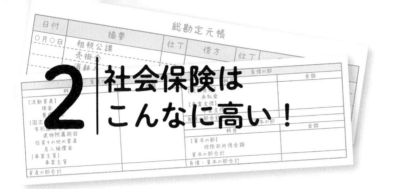

「まず、ひと口に社会保険といっても、健康保険と厚生年金があります。会社を設立すると、原則として両方に加入しなければなりません」

「必ず入らなければならないのですか？」

「昔は調査が緩かったので、入っていない会社も多かったのですが、最近は厳しくなったのでほとんどの会社が加入しています」

「どれくらい支払いが増えるのですか？」

「まず、自営業の方が入っている国民健康保険は市町村によって計算が違いますが、だいたい所得の10％程度になる場合が多いです」

「利益が10万円増えると、保険料が1万円増えるという感じですか？」

「そうです。あと、上限は年間102万円になっています」

「私の場合、上限に近いですね」

「そうですね。これが会社を設立して健康保険に加入すると、都道府県によって違いますけど、給料の約11.64％が保険料となります。」

「少し高めですけど、そんなに変わらないですね」

😎「ただ、こちらは上限が年間 194 万円ですので、給料が高い
　　と大変なことになりますよ」

😀「すごい金額ですね！　本当にそんなに払うのですか？」

😎「半分は会社が負担するので、本人の感覚としては国民健康
　　保険と変わらないかもしれないですね」

😀「まあ、会社が払ってくれるのなら、いいじゃありません
　　か？」

😎「給料の予算を削って保険料を払うのですから、自分で払う
　　のと同じですよ」

😀「言われてみれば、そうですね……」

😎「年金については、個人事業だと年間 20 万円くらいです」

😀「年金も結構高いですよね」

😎「厚生年金になると、子ども・子育て拠出金も合わせて給料
　　の 18.66% を支払います。上限は年間 146 万円です」

😀「100 万円以上増えるのですか！」

😎「Aさんの場合、そうなりますね」

😀「税金が安くなるより、年金が高くなる金額のほうが大きい
　　じゃないですか？」

😎「そうですよ。だから、トータルの出費は増えるのです」

😀「そんなに社会保険料が高いなんて知りませんでした！」

😎「社会保険料は急激に高くなっていますよ。健康保険と厚生
　　年金を合わせて 1989（平成元）年には 20.8% だったのです
　　けど、今は 30.3% です」

😀「すごい値上げですね……」

　まず、社会保険の仕組みについて簡単に説明します。

　いわゆる社会保険は「健康保険」と「厚生年金」の２つに分かれます。会社を設立すると、給料（役員報酬も含む）をもらっている人は、パートなどの例外を除き、必ず社会保険に入らなければなりません。

　健康保険については、中小企業は協会けんぽ（全国健康保険協会）に加入しますので、本書では協会けんぽ加入を前提に説明します。

　なお、職域国保（建設国保など）に加入している場合は、会社設立後も継続することが可能です（計算方法は変わります）。

　まず、「健康保険」は「健康保険料」と「介護保険料（40歳以上のみ）」に分かれており、それぞれ10.0％（全国平均、都道府県で異なる）、1.64％です。

　また、「厚生年金」に関する支払いには「年金保険料」と「子ども・子育て拠出金」があり、それぞれ18.3％、0.36％です。

　これらの中で、「子ども・子育て拠出金」は会社が全額負担し、それ以外は会社と本人の折半となります。つまり、本人の負担額は14.97％、会社の負担額は15.33％、合計で30.3％となります（40歳以上の場合）。

社長（会社員）と個人事業主の違い

	健康保険・介護保険	年金
社長・会社員 （中小企業）	健康保険 （協会けんぽ）	厚生年金 子ども・ 子育て拠出金※
個人事業主 個人事業の従業員※	職域国保 国民健康保険	国民年金

※子ども・子育て拠出金は、厳密には税金であり、社会保険料ではありません。
　厚生年金に付随して徴収されるので、本書では社会保険料の一種として扱っています。
※個人事業に常時雇用されている従業員が5人以上の場合は、原則として従業員は社会保険に加入となります（業種によって異なります）。

社長は健康保険・
厚生年金に加入！

●社会保険料の計算

　社会保険料を実際に計算する際には、計算を簡略化するために、段階的に保険料が増えるようになっています。

　例えば、月給29万円以上31万円未満の場合は月給30万円で計算することになっています。健康保険料が10%だとすれば、月給が29万5,000円でも30万円×10%＝3万円（本人負担は1万5,000円）となります。24・25ページの表を参照してください。

　また、この段階には上限と下限があります。健康保険・介護保険の上限は月給139万円（保険料は年間194.2万円）です。厚生年金・拠出金の上限は月給65万円（保険料は年間145.5万円）です。仮に月給が200万円だったとしても、それぞれ月給139万円、65万円として保険料を計算します。

　下限については、健康保険・介護保険が月給5.8万円（保険料は年間8.1万円）、厚生年金・拠出金が8.8万円（保険料は年間19.7万円）です。月給が1円だとしても、それぞれ月給5.8万円、8.8万円として保険料を払わなければなりません。

　なお、国民健康保険の場合は、所得（事業の利益など）を基準として決まります。具体的には市町村で異なりますが、介護保険分（40歳以上のみ）も含めて所得の10%程度が目安で、上限の年間保険料は102万円です。国民年金は収入にかかわらず、月額1万6,590円（年間19.9万円）となります。いずれにしても、社会保険のほうが高めに設定されています。

健康保険（協会けんぽ）と国民健康保険の比較

（カッコ内は年間金額）

	健康保険料	介護保険料（40 歳以上）
健康保険	約 10% （7 万〜166.8 万円）	1.64% （1.1 万〜27.4 万円）
国民健康保険	市町村による （上限 85 万円）	市町村による （上限 17 万円）

厚生年金と国民年金の比較

（カッコ内は年間金額）

	年金保険料	子ども・子育て拠出金
厚生年金	18.3% （19.3 万〜142.7 万円）	0.36% （0.4 万〜2.8 万円）
国民年金	月額 16,590 円 （19.9 万円）	なし

健康保険・厚生年金の
ほうが高い？

23

給与額と社会保険料

標準報酬月額	報酬月額（1ヶ月の給与額）			会社負担を含む保険料		
	円以上		円以下	健康保険 10.0%	介護保険 1.64%	厚生年金 18.3%
58,000	1	～	62,999	5,800	951	16,104
68,000	63,000	～	72,999	6,800	1,115	
78,000	73,000	～	82,999	7,800	1,279	
88,000	83,000	～	92,999	8,800	1,443	
98,000	93,000	～	100,999	9,800	1,607	17,934
104,000	101,000	～	106,999	10,400	1,706	19,032
110,000	107,000	～	113,999	11,000	1,804	20,130
118,000	114,000	～	121,999	11,800	1,935	21,594
126,000	122,000	～	129,999	12,600	2,066	23,058
134,000	130,000	～	137,999	13,400	2,198	24,522
142,000	138,000	～	145,999	14,200	2,329	25,986
150,000	146,000	～	154,999	15,000	2,460	27,450
160,000	155,000	～	164,999	16,000	2,624	29,280
170,000	165,000	～	174,999	17,000	2,788	31,110
180,000	175,000	～	184,999	18,000	2,952	32,940
190,000	185,000	～	194,999	19,000	3,116	34,770
200,000	195,000	～	209,999	20,000	3,280	36,600
220,000	210,000	～	229,999	22,000	3,608	40,260
240,000	230,000	～	249,999	24,000	3,936	43,920
260,000	250,000	～	269,999	26,000	4,264	47,580
280,000	270,000	～	289,999	28,000	4,592	51,240
300,000	290,000	～	309,999	30,000	4,920	54,900
320,000	310,000	～	329,999	32,000	5,248	58,560
340,000	330,000	～	349,999	34,000	5,576	62,220
360,000	350,000	～	369,999	36,000	5,904	65,880

※子ども・子育て拠出金は、表には記載していません

標準報酬月額	報酬月額 (1ヶ月の給与額)		会社負担を含む保険料		
	円以上	円以下	健康保険 10.0%	介護保険 1.64%	厚生年金 18.3%
380,000	370,000 ～	394,999	38,000	6,232	69,540
410,000	395,000 ～	424,999	41,000	6,724	75,030
440,000	425,000 ～	454,999	44,000	7,216	80,520
470,000	455,000 ～	484,999	47,000	7,708	86,010
500,000	485,000 ～	514,999	50,000	8,200	91,500
530,000	515,000 ～	544,999	53,000	8,692	96,990
560,000	545,000 ～	574,999	56,000	9,184	102,480
590,000	575,000 ～	604,999	59,000	9,676	107,970
620,000	605,000 ～	634,999	62,000	10,168	113,460
650,000	635,000 ～	664,999	65,000	10,660	
680,000	665,000 ～	694,999	68,000	11,152	
710,000	695,000 ～	729,999	71,000	11,644	
750,000	730,000 ～	769,999	75,000	12,300	
790,000	770,000 ～	809,999	79,000	12,956	
830,000	810,000 ～	854,999	83,000	13,612	
880,000	855,000 ～	904,999	88,000	14,432	
930,000	905,000 ～	954,999	93,000	15,252	118,950
980,000	955,000 ～	1,004,999	98,000	16,072	
1,030,000	1,005,000 ～	1,054,999	103,000	16,892	
1,090,000	1,055,000 ～	1,114,999	109,000	17,876	
1,150,000	1,115,000 ～	1,174,999	115,000	18,860	
1,210,000	1,175,000 ～	1,234,999	121,000	19,844	
1,270,000	1,235,000 ～	1,294,999	127,000	20,828	
1,330,000	1,295,000 ～	1,354,999	133,000	21,812	
1,390,000	1,355,000 ～		139,000	22,796	

（2022 年 4 月時点の料率、健康保険は全国平均値、1 円未満は四捨五入）

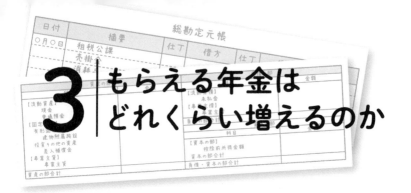

3 もらえる年金は どれくらい増えるのか

👤「でも、これだけ年金を払うのですから、老後もらえる年金も増えるはずですよね？　どれくらい増えるのですか？」

👓「はい。何歳まで生きるかによって変わってしまうので、平均寿命まで生きるとして計算してみますね」

👤「はい。お願いします」

👓「先ほどのシミュレーションのとおりだと、年金の支払いは126万円増えますが、もらえる年金は男性の平均寿命までの合計で43万円しか増えません」

👤「えー！　126万円も余計に支払って、43万円しか増えないのですか？　残りのお金はどこへいくのですか!?」

👓「年金というのは、今の高齢者を支えるために支払っているので、自分のための貯金ではないのです」

👤「そうですか……。なんだかすごく損した気分です」

👓「将来もらえる年金も含めて、個人事業と会社のどちらの手取りが多くなるか、計算してみましょう」

👤「はい」

👓「個人事業のままだと、1,000万円の利益から税金と国保や年金を払った残りは667万円です。将来の年金は増えませんので、手取りは667万円ですね」

個人事業と会社の「手取り合計」の比較

	個人事業	会社 （給料 867 万円）
税引前利益・収入	1,000 万円	1,000 万円
税金	216 万円	119 万円
健康保険・年金	117 万円	245 万円
手取り	667 万円	636 万円
将来の年金増加	0 円	43 万円
手取り合計	667 万円	679 万円

「そうなりますね」

「会社にすると、1,000 万円の利益から税金と社会保険料を払った残りは 636 万円です。これに将来もらえる年金の増加額 43 万円を加えると、手取りの合計は 679 万円です」

「となると、少しだけ会社のほうが有利ですか？」

「はい。老後まで含めれば、ですけど」

「どちらがいいのでしょうね……？」

「事業を拡大させていきたいのであれば、目の前の資金繰りを優先したほうがいいと思いますよ」

「そうすると、個人事業のままのほうがいいですか？」

「いえ、実は……会社でも社会保険料をタダ同然にする方法があるのですよ」

「え！　そんな方法があるのですか!?　ぜひ教えてください！」

　厚生年金は、多く払った分だけ、将来もらえる年金が増えることになっています。しかし、実際にどれくらい増えるのでしょうか。厚生年金でもらえる金額は、厚生年金の対象となった給料の総額の1,000分の5.769で計算することになっています（実際は標準報酬月額で計算しますが、ここでは簡便的に計算します）。

　例えば、今年から厚生年金に加入し、年収500万円の給料を20年間もらったとしましょう。そうすると、退職までにもらった給料の総額は1億円となります。厚生年金の保険料は18.3%ですので、会社負担も含めると、20年間で1,830万円の年金保険料を支払うことになります。

　さて、65歳になると、その1億円を1,000分の5.769倍した金額を厚生年金としてもらえるようになります。計算すると年間57万6,900円となり、これを2ヶ月ごとにもらうと、1回当たりの支給額は9万6,150円となります。

　1,830万円の年金保険料を支払って、もらえるのは年間57万6,900円ですから、元を取るには1,830 ÷ 57.69 = 31.7年も掛かってしまいます。男性の平均寿命は81歳ですが、81歳で死ぬとすると、65歳から受給では16年間なので半分（支払った額の50%）しか受け取れないことになります。

厚生年金の計算のイメージ

年収 500 万円　×　20 年間　＝　1 億円

（給料の総額）

↓

1 億円　×　18.3%　＝　1,830 万円

を年金保険料として支払う

（20 年間の合計）

年金事務所

↓

$1 億円 \times \dfrac{5.769}{1,000} = 57 万 6,900 円$

を毎年、厚生年金としてもらう

（基本的には年 6 回に分けて受給）

平均寿命では支払額の 50%しか受け取れない

●実際にもらえる年金の手取り額は？

　一般的に、年金は平均寿命まで生きれば元が取れると言われています。しかし、それは自己負担した保険料だけで計算した場合です。実際は、会社負担分を合わせると、その2倍の保険料を払っています。会社負担分も人件費の予算から出ていますので、自分が負担しているのと変わりありません。

　さらに、年金を受け取る際には、所得税・住民税も掛かります。年金などの収入が少なければ税額ゼロの場合もありますが、元経営者の場合、15％程度は引かれると考えておいたほうがいいでしょう。つまり、支払った年金保険料の42.5％（50％×85％）が将来の年金の手取り額ということになります。

　では、私たちが年金をもらう時代にはどうなっているでしょうか。現在の制度が変わらなければ、年金の受給額は必ず減少していきます。詳しい理由は9章で説明しますが、本書では比較的若い経営者を想定して、年金受給額は将来、3割減少する（現在の7割の水準）という前提で計算しています。

　つまり、**支払った額の42.5％×7割＝29.75％≒30％が将来もらえる年金の金額**ということになります。厚生年金の保険料を1万円多く納付しても、将来もらえる年金は手取りで3,000円しか増えません。このような前提で、本書では年金の手取り額のシミュレーションを作成しています。

年金にも税金が掛かる

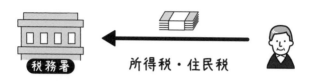

税務署　←　所得税・住民税

税率を 15% とすると、実際の手取りは
支払った金額の 42.5%

年金受給額は減少する予定

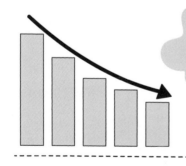

少子高齢化によって
支給水準は 3 割低下？

将来は、
42.5% × 7割 ≒ 30%
しかもらえない？

さて、Aさんの場合ですが、個人事業だと国民年金になりますので、年間約20万円の年金保険料を支払います。それによって将来もらえる年金は基礎年金だけとなります。

　基礎年金は2021年度の数字で、年間78万円（月額6万5,075円）をもらうことができます。これについても、他の公的年金等（iDeCoなど）の支給状況によっては、所得税・住民税が発生する場合があります。

　もし会社を設立し、給料を年間867万円もらった場合は、「子ども・子育て拠出金（2万8,080円）」も含めて、年間145万5,480円の年金保険料を支払うことになります。これによって、将来、平均寿命までにもらえる厚生年金は142万7,400円×30%≒43万円増加することが予想されます。

　負担する年金保険料は20万円が146万円になりますので、**126万円も出費が増えますが、もらえる年金の手取りは16年間で43万円しか増えない**ということになってしまうのです。

　なお、この章では、もらえる年金の手取りが少ないケースを想定して計算しています。すでに60代の年齢の方で、さらに年金に税金が発生しないようなケースを想定するのであれば、支払った年金保険料の半分は回収できると思います。

　その場合ですと、142万7,400円×50%≒71万円が、平均寿命までにもらえる厚生年金の増加額と予想されます。

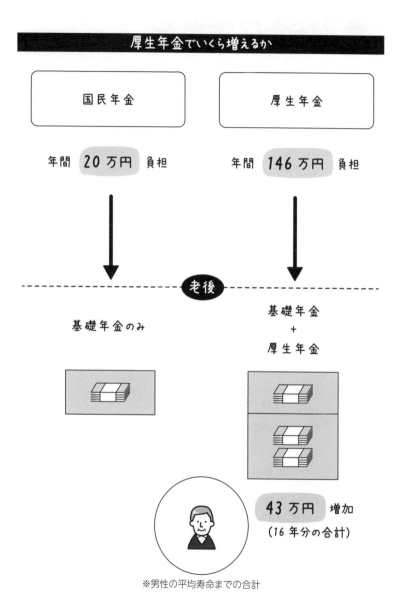

厚生年金でいくら増えるか

国民年金

厚生年金

年間 **20万円** 負担

年間 **146万円** 負担

老後

基礎年金のみ

基礎年金
＋
厚生年金

43万円 増加
(16年分の合計)

※男性の平均寿命までの合計

4 社会保険料を大幅に減少させる方法

「先ほどAさんは、会社から給料をもらうと言われていましたけど、配当という形でお金をもらう方法があります」

「配当というと、トヨタとかソニーの株を持っているともらえるイメージなのですけど。関係あるのですか?」

「はい。それと同じです。Aさんが会社を作れば、普通はAさんが株主となりますので配当がもらえます」

「上場企業でもないのに、配当を出せるのですか?」

「もちろん出せます。ですから、Aさんは『社長の給料』と『株主の配当』の両方をもらうことができます」

「どちらでもらったほうがいいのですか?」

「実は、配当には社会保険料が掛からないので、ある程度は配当でもらったほうが有利です」

「え、社会保険料が掛からないのですか!」

「はい。ただ、配当は給料より税金が高くなるので、手取りが多くなるバランスを考えます」

「何か、計算が難しそうですね……」

「それを計算するのが私の役目ですよ。Aさんが会社を設立した場合、どうすれば手取りが一番多くなるか計算してみましょう」

😀「ぜひお願いします」

🤓「計算できました。まず、社長の給料は年間111万円ですね」

😀「年間111万円ですか？　生活できなくなりませんか？」

🤓「それとは別に、配当を669万円もらいます」

😀「なるほど。配当のほうが多いのですね。でも、なぜそんな
　　もらい方をするのでしょうか？」

🤓「こうすると、税金と社会保険料の合計が一番少なくなりま
　　す。こちらの表を見てください」

	個人事業	会社 (給料867万円)	会社 (給料111万円)
収入（利益）	1,000万円	1,000万円	1,000万円
税金	216万円	119万円	275万円
健康保険・年金	117万円	245万円	32万円
手取り	667万円	636万円	693万円
将来の年金増加	0円	43万円	6万円
手取り合計	667万円	679万円	699万円

😀「これだったら、会社にしたほうが節税になるじゃないです
　　か！」

🤓「節税といっても、税金はかなり高くなっていますよ。配当
　　は節税にならないのですけど、社会保険料の削減になるの
　　で、トータルでは有利になることがあるのです。」

😀「なるほど。そんな方法もあるのですね！」

まず、配当について説明します。

　会社を設立すると、事業の利益はすべて会社のものとなります。社長といえども、そのお金を生活費に使うことはできません。これが個人事業と会社の大きな違いです。

　そのため、社長が生活していくために、会社から給料をもらいます。これは、社長という業務に対する報酬です。それとは別に、株主であれば配当という形でお金をもらうことができます。

　ほとんどの中小企業では、社長が株主となりますので、社長には給料と配当の2通りのお金のもらい方があるのです（社長が株主でない場合は当てはまりません）。

　しかし、実際に配当を出している中小企業はほとんどありません。配当は経費とならないため、会社の払う税金が高くなってしまうのが大きな理由と思われます。

　私も以前は、顧問先の社長に「配当でもらうより、給料でもらったほうが節税になりますよ」とアドバイスしていました。

　ただ、当時は社会保険に未加入の会社だらけでしたが、現在ではほとんどの会社が社会保険に加入しています。しかも、社会保険料は以前よりかなり高くなりました。

　そのため、節税だけでなく、社会保険料の削減も合わせて考える必要が出てきたのです。

会社からお金をもらう方法は2通り

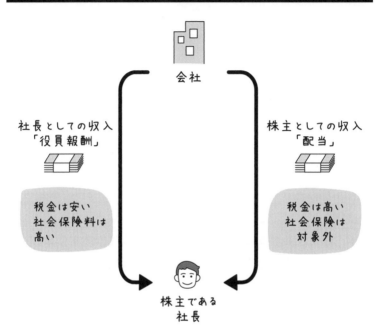

会社

社長としての収入
「役員報酬」

税金は安い
社会保険料は
高い

株主としての収入
「配当」

税金は高い
社会保険は
対象外

株主である
社長

●配当には社会保険料が掛からない

　社会保険の特徴は、**給料以外の収入は一切考慮されない**ということです。国民健康保険であれば、事業や配当などのすべての収入を対象として保険料を計算しますが、社会保険の場合は無視されます。

　もし、会社を設立しても、社長として給料をもらわなかったらどうなるでしょうか。この場合は、社会保険に入ることはできません。
　給料をゼロにして、配当だけで生活するという方法もあるのですが、配当収入が多いと国民健康保険料が高くなってしまいます。そのため、**少額の給料をもらい、安い社会保険料を払ったほうが得**という現象が起きるのです。

　例えば、Aさんのシミュレーションのように、月給を9万円程度に抑えると、健康保険料は年間12万円です。個人事業では97万円の国民健康保険料を支払っていましたので、85万円の節減となります。
　また、厚生年金の負担額は年間19.7万円で、国民年金の19.9万円より少しだけ安くなります。にもかかわらず、将来は基礎年金プラス厚生年金がもらえるのですから、収入が増えます。

　このように、少額の給料をもらうと、給料をゼロにするよりも有利になるのです。

給料と配当の比較

	税金	社会保険	国民健康保険・国民年金
給料	安い	原則として対象 （有給の社長、正社員等）	社会保険未加入 なら対象 （無給の社長、パート社員）
配当	高い	対象外	

※正社員等は週 30 時間以上勤務の従業員など

給料が少額の場合は厚生年金がお得

国民年金	厚生年金 （年収 111 万円）
年間 **19.9 万円**	年間 **19.7 万円**

------------------- 老後 -------------------

基礎年金のみ	基礎年金 ＋ 厚生年金

6 万円
増加

（16 年分）

●配当をもらったときの税金

　配当は、法人税を支払った残りの利益（税引後利益）から、支払うことになっています。そのため、給料で支払うときに比べ、税金の負担が大きくなります。

　実際には、税引後利益を全額配当にする必要はないのですが、比較のため全額を社長に支払ったとします。社長の収入は給料111万円と配当669万円を合わせて780万円となります。
　すべて給料でもらうと867万円ですから、減ったように見えますね。

　しかし、そこから自己負担する社会保険料はわずか16万円ですので、100万円以上も安くなっています。さらに、所得税・住民税も安くなります。これは「配当控除」という特別ルールがあり、配当に対する個人の税金が安くなるからです。
　それらを合計すると、税金と社会保険料の合計は、給料を111万円にしたほうが57万円も安いという結果になるのです。

　多くの人は、「節税」というと「法人税の節税」ばかり考えてしまうため、社会保険料の負担に目が向きません。しかし、ほとんどの会社では社会保険料の負担のほうが大きいので、社会保険料の対策を考えたほうが、効果があるのです。

給料 867 万円と給料 111 万円の比較

会社		
	給料 867 万円	給料 111 万円
収入	1,000 万円	1,000 万円
社長の給料	867 万円	111 万円
●健康保険・年金	124 万円	16 万円
★法人税等	9 万円	204 万円
税引後利益	0 万円	669 万円

社長個人		
給料	867 万円	111 万円
配当	0 万円	669 万円
給与所得控除	195 万円	55 万円
所得	672 万円	725 万円
●健康保険・年金 ＝社会保険料控除	121 万円	16 万円
基礎控除	48 万円	48 万円
課税所得	503 万円	661 万円
★所得税等（配当控除後）	59 万円	23 万円
★住民税（配当控除後）	51 万円	48 万円
★税金合計	119 万円	275 万円
●健康保険・年金合計	245 万円	32 万円
税金と健康保険・年金の合計	364 万円	307 万円

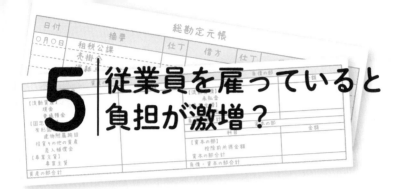

5 従業員を雇っていると負担が激増？

🙂「社会保険がそんなに安くなるのであれば、さっそく会社を設立したいと思います！」

🤓「ちょっと待ってください。大事なことをお聞きしていませんでした。週に 30 時間以上働いている従業員さんは何人いらっしゃいますか？」

🙂「3 人です」

🤓「では、その 3 人も社会保険に入らなければなりません」

🙂「そうなんですか……」

🤓「お給料は、3 人で年間いくらくらいですか？」

🙂「1,000 万円くらいだと思います」

🤓「それだと従業員の社会保険料が約 300 万円掛かりますね。半分は会社負担ですので、150 万円の出費が増えます」

🙂「えー！　そんなの無理ですよ！」

🤓「さらに、従業員さんの手取りも減りますね」

🙂「いいことないじゃないですか！」

🤓「A さんの場合は、いわゆる節税目的なら会社にしないほうがいいと思います」

🙂「個人事業のままでしたら、ずっと社会保険に入らなくていいのですか？」

「一般的には、週に 30 時間以上働く従業員が 5 人以上にな
　　ったら、個人事業でも社会保険の加入が義務になります。
　　ただ、飲食業は例外で加入義務がありません」

「よかった！」

「でも、法改正で、近いうちに飲食業も 5 人以上雇ったら加
　　入が義務になると言われています」

「そうなったら私も入るのですか？」

「いえ、事業主は国民健康保険や国民年金のままです」

「不思議な制度ですね」

「そうですね。従業員さんだけが加入になります。もちろん、
　　社会保険料の半分は事業主である A さんが払うのですよ」

「え！　それじゃ、会社にしたのと同じじゃないですか！」

「はい。一般的に、個人事業は 5 人目を雇うと急激に出費が
　　増えてしまいます」

「知りませんでした！　どうすればいいですか！」

「社会保険の加入が義務になったタイミングで、会社を設立
　　するというのはどうでしょう」

「どうしてですか？」

「従業員の社会保険料の負担が同じであれば、先ほどお話し
　　したとおり、会社のほうが少し有利になります」

「そういえば、そうでしたね」

「あと、他にも会社でしか使えない節税方法がありますので、
　　増えた負担を少しでも減らせるかもしれません」

「なるほど。では、しばらく会社設立はお預けですね？」

解説

　ここまで事業主本人の社会保険料について説明してきましたが、会社の場合、従業員も社会保険に加入しなければなりません。

　対象となるのは、フルタイムの4分の3以上の時間働いている従業員です。一般的には週40時間労働ですから、週30時間以上だと対象になると覚えておいてください（厳密には、就業規則によって変わります）。

　個人事業の場合は、対象となる従業員が5人以上だと強制加入となります。5人未満の場合は任意ですので、加入してもいいし、しなくてもかまいません。ただし、加入する場合は対象者全員が加入することになります（なお、飲食業などの一部の業種では、5人以上でも任意加入となります）。事業主が保険料の半分を負担するというのはハードルが高いため、実際には、任意なのに加入している個人事業主は少ないのが実情です。

　会社を設立した場合、最も影響が大きいのは、**従業員が5人未満で社会保険に入っていないケース**です。事業主（社長）も従業員もはじめて社会保険に加入しますので、出費が激増します。

　個人事業でもすでに社会保険に加入している場合は、会社を設立してもあまり変わりません。事業主だけがはじめて社会保険に入ることになりますが、34～41ページで説明した方法を使えば、かなり負担を小さくすることができます。

社会保険の加入義務

	個人事業 従業員 5 名未満	個人事業 従業員 5 名以上	法人
代表者	加入なし	加入なし	強制加入
従業員	任意加入	強制加入※	強制加入

（※一部の業種を除く）

週 30 時間以上の従業員を 5 人雇うと、
社会保険加入！
（飲食業、旅館業、農業など一部の
業種を除く）

事業主の負担 増
（給料の約 15%）

従業員の手取り 減

45

●どのタイミングで会社にすべきか？

　社会保険料対策を考えると、「**従業員を雇っている個人事業主**」**が会社を設立するタイミングとして適切なのは、「5人目を雇うとき**」ということになると思います（飲食業などを除く）。

　もちろん、会社を設立する目的は節税だけではありません。節税以外に必要性があるのであれば、多少の出費が増えても設立すべきです。
　例えば、以下のような理由で会社を設立する場合もあると思います。

・会社でないと取引できない業者がある
・会社のほうが融資を受けやすい
・会社であれば、相続の手続きが簡単
・昔から「社長」と呼ばれるのが夢だった

　また、会社にして社会保険に加入していないと、いい人材が集まらないという事情もあると思います。社会保険も悪いことばかりではありません。

　どのタイミングで会社にすべきかは、総合的に判断することです。とにかく会社を設立すれば得をするという単純なものではありませんので、特に従業員を雇っている場合には慎重に判断してください。

●従業員を雇わない場合の会社設立は？

　話を戻しますが、従業員を雇わないのであれば、どんなに利益が少なくても会社のほうが有利なのでしょうか？

　もちろん、そんなことはありません。会社を設立し、給料＋配当金の手取りが最大となる給料を設定したとしても、個人事業より手取りが少なくなる場合もあります。

　右の表は、個人事業と会社の手取りを比較したものですが、将来もらう年金の増加を考慮しても、会社が有利になるのは税引前利益が500万円を超えてからです。

　目先の資金繰りを優先するのであれば、会社のほうが手取りが多くなるのは、税引前利益700万円からです。

　ですので、**従業員を雇う予定のない個人事業主が、節税だけのために会社を設立する目安は、税引前利益700万円**ということになると思います。

　なお、右の表は2,000万円までしか掲載していませんが、2,000万円を超える場合の考え方については9章をご参照ください。2,000万円前後で一時的に会社の手取りが個人事業を下回りますが、700万円以上ではほとんどのケースで会社の手取りが上回ります。

　実際には、会社の決算申告は税理士に依頼する場合がほとんどですので、税理士の費用も高くなると思います。それも含めて節税になるかどうか判断していただければと思います。

個人事業と会社の手取りの比較（2,000万円以下）

(246〜253ページに詳細な表を掲載)

税引前利益	個人事業 手取り	会社（社長給料+配当金） 年金の増加を含む手取り	（今年の）手取り	年間給料額*（参考）
200 万円	152 万円	148 万円	142 万円	111 万円
300 万円	228 万円	221 万円	215 万円	111 万円
400 万円	300 万円	295 万円	282 万円	251 万円
500 万円	368 万円	368 万円	354 万円	275 万円
600 万円	430 万円	441 万円	427 万円	275 万円
700 万円	489 万円	510 万円	505 万円	111 万円
800 万円	549 万円	575 万円	569 万円	75 万円
900 万円	609 万円	638 万円	632 万円	75 万円
1,000 万円	667 万円	699 万円	693 万円	111 万円
1,100 万円	727 万円	763 万円	744 万円	347 万円
1,200 万円	788 万円	824 万円	805 万円	371 万円
1,300 万円	842 万円	885 万円	864 万円	395 万円
1,400 万円	895 万円	945 万円	918 万円	509 万円
1,500 万円	949 万円	1,002 万円	968 万円	653 万円
2,000 万円	1,217 万円	1,240 万円	1,197 万円	1,025 万円

※「年金の増加を含む手取り」を最大化する給料額に設定

1章のポイント

・会社にして給料をもらうと税金は安くなるが、通常は社会保険料が高くなる

・社会保険料は、会社負担分を合わせると給料の約30%になる

・厚生年金は、払った保険料の3割程度しか回収できない可能性が高い（現在の年齢による）

・給料に対して社会保険料を払っている場合、配当など他の収入に対しては社会保険料が掛からない

・配当には「配当控除」という控除があるため、所得税・住民税が他の所得より安くなっている

・給料を少額とし、配当を多くもらうことで社会保険料を削減し、手取りを増やすことができる

・法人成りすると従業員も社会保険に加入するため、従業員を雇っていると負担が激増する

・税引前利益700万円以上であれば、法人成りを検討する

2章

健康保険料が劇的に減少！

マイクロ法人の
利益は年間98万円
が理想 !?

飲食店経営
Aさん

税理士

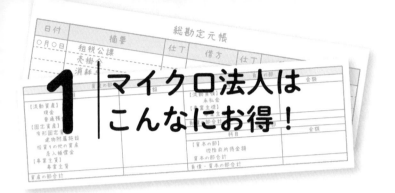

1 マイクロ法人はこんなにお得！

税理士「Aさん。実は、マイクロ法人で会社設立のメリットを得る方法があるのです。これもお話ししますね」

Aさん「マイクロ法人？　はじめて聞く言葉ですね」

「Aさんが1人でやっている業務はありますか？」

「閉店後の厨房清掃は私が1人でやっていますけど」

「時間はどれくらいですか？」

「1時間くらいです」

「では、清掃会社を作って、そこに外注しましょう」

「うちの店の清掃を、他人にやってもらうのですか？」

「違います。その会社にはAさんしかいないのですから、Aさんが清掃会社の人間として掃除するのですよ」

「だったら、今までと何も変わらないですよね？」

「掃除をするのは個人事業主のAさんではなく、清掃会社のAさんです。だから、清掃会社に手数料を払います」

「自分の会社に手数料を払うのですか？」

「はい。適正な金額であれば、もちろん経費になります」

「会社には税金は掛からないのですか？」

「掛かります。でも、会社の利益を給料としてAさんに払ってしまえば、法人税はほとんど掛かりません」

👤「うーん。具体的な数字で教えていただけますか？」

🧑‍🦱「例えば、厨房清掃作業の相場が1時間2,500円とします」

👤「はい」

🧑‍🦱「月に26回掃除するとしたら、手数料は月6万5,000円、年間だと78万円ですね」

👤「これが、会社の売上になるのですね」

🧑‍🦱「はい。均等割があるので、法人税は9万円。残りは給料として社長のAさんに払います」

👤「給料にも税金が掛かりませんか？」

🧑‍🦱「78万円から9万円を引くと残りは69万円ですね。社会保険料の会社負担は最低14万円なので、給料の予算は55万円です。実は55万円までの給料は税金が掛かりません」

👤「なるほど。だから税金が安くなると……」

🧑‍🦱「そう単純ではないのですよ。社長として社会保険に加入するので、健康保険や年金の負担が89万円も減ります」

👤「そんなに安くなるのですか！」

🧑‍🦱「月給が5万円以下ですから、社会保険料はタダ同然です。ただ、社会保険料控除も小さくなるので、税金は15万円増えます。差し引き74万円の手取りが増えますね」

👤「将来もらう年金はどうなりますか？」

🧑‍🦱「予想では6万円増えますから、合わせると年間80万円くらい得します。しかも、従業員は会社では雇いませんので、社会保険に入れる必要がありません」

👤「すごいですね！」

🧑‍🦱「私はこういう会社をマイクロ法人と呼んでいます」

「マイクロ法人」という言葉があります。正式な法律用語ではないので定義は人それぞれですが、本書では「**社長１人だけの非常に小さな会社**」という意味で説明します。

　これまで、個人事業と会社のどちらが節税になるかという観点で解説してきました。実は、もう１つ、個人事業を続けながらマイクロ法人を設立するという方法があります。

　マイクロ法人で少額の給料をもらって社会保険に入れば、自動的に国民健康保険は脱退となります。高額な国民健康保険を払う必要がなくなり、手取りを増やすことができます。もし配偶者を扶養していれば、配偶者の国民年金の支払いもタダになります。

　しかも、従業員は個人事業で雇用したままですので、従業員の社会保険料の半分を負担する必要もありません。

　Ａさんの事例で、普通に会社を設立する場合（給料＋配当で手取りが最も多い場合）と比べて、税金や社会保険料の負担はどれくらい変わるでしょうか。それをまとめたのが右の表です。

　個人事業での税金等の負担は333万円でしたが、マイクロ法人を設立した場合は259万円です。74万円も手取りが多い上に、将来もらえる年金が多くなります。会社を設立して配当をもらうケースと比較しても48万円も違います。マイクロ法人は、これだけ大きな効果が得られるのです。

マイクロ法人を設立した場合のシミュレーション

	会社	マイクロ法人
社長の給料支払前の利益	1,000 万円	78 万円
社長の給料	111 万円	55 万円
●健康保険・年金	16 万円	14 万円
★法人税等	204 万円	9 万円
税引後利益	669 万円	0 円

事業主・社長個人			
	個人事業	配当+給料	事業+給料
税引前利益（個人事業）	1,000 万円	0 円	922 万円
給料	0 円	111 万円	55 万円
配当	0 円	669 万円	0 円
★個人事業税	34 万円	0 円	30 万円
実質的な利益	966 万円	780 万円	892 万円
青色申告特別控除	65 万円	0 円	65 万円
給与所得控除	0 円	55 万円	55 万円
所得	901 万円	725 万円	827 万円
●健保・年金（控除）	117 万円	16 万円	14 万円
基礎控除	48 万円	48 万円	48 万円
課税所得	736 万円	661 万円	765 万円
★所得税・復興税	108 万円	23 万円	115 万円
★住民税	74 万円	48 万円	77 万円
★税金合計	216 万円	275 万円	231 万円
●健康保険・年金合計	117 万円	32 万円	28 万円
税金と健康保険・年金の合計	333 万円	307 万円	259 万円

●マイクロ法人に外注する場合の注意点

　個人事業と会社は別のものと扱われますが、同じ人が代表であれば、過大な金額が経費になっていないかを税務署に疑われがちです。そのため、このような方法で社会保険料を削減したいのであれば、慎重に行なう必要があります。**間違っても業務の実態のない会社を作ったり、架空または過大な請求を経費にしたりするようなことはしないでください。**

　もちろん業務委託契約書はしっかり作成し、作業時間などもしっかり記録しておきましょう。

　また、会社で使用した経費を、誤って個人事業の経費にすることのないよう気をつけてください。もし清掃会社に外注するなら、洗剤代などは会社の経費になります。

　外注という形を取るには、業務自体が本業としっかり区別できることが必要です。例えば、税理士が「会計ソフトの入力作業」を外注する、大家（不動産賃貸業）が「入居者の管理」を外注する、農家が「農産物のインターネット販売」を外注するなどが考えられます。

　もし飲食店が「チャーハンの調理」だけを外注するとすれば、無理があると思います。他の料理も並行して作っているわけですから、その業務を区別できません。一般的に代行会社（不動産管理会社、ネット販売業者など）が存在するような内容でなければ、利益操作と見られてしまう可能性が高いと思います。

マイクロ法人に外注する具体例

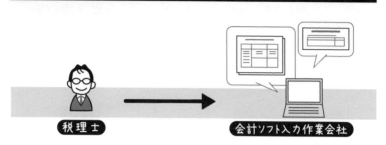

税理士　→　会計ソフト入力作業会社

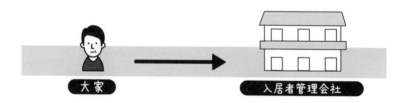

大家　→　入居者管理会社

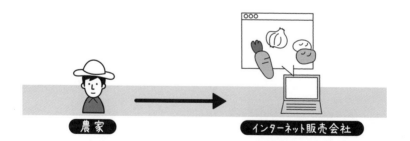

農家　→　インターネット販売会社

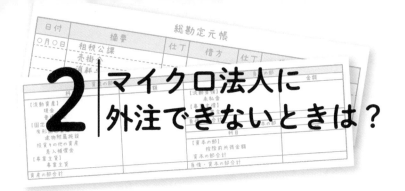

😀「マイクロ法人を作るだけで、毎年80万円も得をするので
　あれば、ぜひやりたいです！」

😎「わかりました。準備を進めますね」

😀「ところで、友人にも勧めてみようと思うのですけど、どれ
　くらいの事業規模だったらメリットがありますか？」

😎「個人事業の利益が200万円だとしても、マイクロ法人を作
　ったほうが節税になりますよ」

😀「だったら、個人事業主の人は全員やったほうがいいじゃな
　いですか？」

😎「Aさんのように、マイクロ法人に外注できる業務があれば
　いいですけどね」

😀「外注できる業務がなかったら、どうするのですか？」

😎「業務の一部を切り離して、別の事業にできるときは、それ
　をマイクロ法人にします」

😀「例えば、どういうことですか？」

😎「私でしたら、税理士と経営コンサルタントをやっています
　けど、経営コンサルタントだけを会社にしました」

😀「経営コンサルのほうが儲かるのではないですか？」

😎「うちは税理士がメインなので、コンサルの売上はほとんど

2 | マイクロ法人に外注できないときは？

ないですよ。社長としての月給は 6 万円です」

「たった 6 万円ですか？」

「これで最低金額の保険料で社会保険に入れます。妻を扶養に入れているので、妻の年金の支払いもタダです」

「先生も悪どいですね……」

「100％合法ですよ。社会保険は強制加入ですし、国民健康保険は強制脱退です。年間 102 万円の国民健康保険料を払いたくても、払わせてもらえないのです（笑）」

「なるほど。でも先生みたいに別の業務がないと、マイクロ法人は無理ですか？」

「それもなければ、新しく副業をマイクロ法人で始めるという方法もありますね」

「新しいビジネスを始めるのですか？」

「そうです。といっても、年間の利益は 100 万円弱でいいです。社長になって社会保険に入るのが目的ですから」

「なるほど……。ただ、年間 100 万円といっても簡単ではないですね」

「収入も増えて、健康保険料の支出も減って、ダブルで儲かりますよ」

「まあ、結果的に事業が儲からなくても、健康保険料が安くなった分は確実に儲かりますね」

「例えば不動産投資を考えているなら、法人名義で投資をすれば、マイクロ法人になります」

「たしかに、考えればいろいろありそうですね」

業務の一部をマイクロ法人に移した場合、トータルで手取りが増えるのは個人事業の利益がいくら以上からでしょうか?

　マイクロ法人に移す利益が78万円（社長の給料が55万円）として、それを計算したのが右の表です。
　個人事業とマイクロ法人設立を比べると、常にマイクロ法人設立が有利という結果になります。

　また、法人成りして手取りが最も多くなるように配当を出した場合と比べても、基本的には有利になります（さらに利益が多いケースは後述します）。ですので、**節税のみを考えるのであれば、マイクロ法人設立一択**ということになります。

　さらに、従業員を社会保険に入れる必要もありませんので、従業員を雇っている個人事業の場合は、なおさらマイクロ法人が有利になります（社会保険未加入の場合）。

　あとは、マイクロ法人で行なう業務が見つかるか、ということが問題となります。次の節で説明しますが、社長の給料は55万～75万円がベストです。そのために必要な利益は78万～98万円となりますが、この利益を出すのがなかなか難しいのです。

個人事業、会社（法人成り）とマイクロ法人併設の手取りの比較

	個人事業	配当+給料	マイクロ法人（利益 78 万円）	
税引前利益	手取り	年金の増加を含む手取り	年金の増加を含む手取り	（今年の）手取り
200 万円	152 万円	148 万円	168 万円	163 万円
300 万円	228 万円	221 万円	254 万円	248 万円
400 万円	300 万円	295 万円	337 万円	332 万円
500 万円	368 万円	368 万円	414 万円	408 万円
600 万円	430 万円	441 万円	484 万円	478 万円
700 万円	489 万円	510 万円	550 万円	544 万円
800 万円	549 万円	575 万円	617 万円	611 万円
900 万円	609 万円	638 万円	683 万円	677 万円
1,000 万円	667 万円	699 万円	747 万円	741 万円
1,100 万円	727 万円	763 万円	810 万円	804 万円
1,200 万円	788 万円	824 万円	868 万円	862 万円
1,300 万円	842 万円	885 万円	922 万円	916 万円
1,400 万円	895 万円	945 万円	975 万円	969 万円
1,500 万円	949 万円	1,002 万円	1,029 万円	1,023 万円
2,000 万円	1,217 万円	1,240 万円	1,297 万円	1,291 万円

●事業の一部を会社で行なうという方法もある

前節で、事業の一部をマイクロ法人に外注するという方法をご紹介しましたが、**外注せずに「会社と顧客の直接契約」にするという方法**もあります。この方法でも利益の一部が個人事業から会社に移りますので、外注と同じ効果を得ることができます。

例えば、税理士が「経営コンサルティング事業」だけを会社で行なう、大家（不動産賃貸業）が「1つの賃貸物件」だけを会社で所有する、料理教室を行なっている飲食店が「料理教室」だけを会社で行なう、などが考えられます。

外注する場合と同様に、本業との区別をしっかりつけられることが必要になります。飲食店が同じ店で「カレーライスは個人事業で出すけど、ラーメンは会社で出す」と考えても、勤務時間や経費を区分できないので、利益操作と見られる可能性が高いです。

もし、会社に移行できる業務がない場合は、社会保険に入るために、新しいサイドビジネスを始めるという方法も考えられます（例えば、法人名義で規模の小さい不動産投資をする、など）。

そのサイドビジネスの儲けが少なかったとしても、健康保険や年金で80万円の手取りが増えれば、掛けた時間分の元は取れるかもしれません。

マイクロ法人で事業の一部を行なう例

税理士　＋　経営コンサルティング会社

大家（個人所有アパート）　＋　会社所有アパート

飲食店　＋　料理教室会社

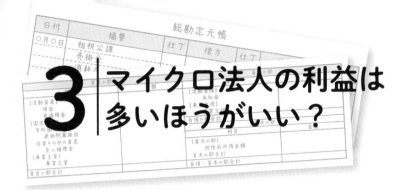

3 | マイクロ法人の利益は
多いほうがいい？

😀「ところで先生、厨房清掃の料金を 2 倍の 5,000 円にしたら、もっと利益を会社に移せるのではないですか？」

🤓「5,000 円では世間相場より高すぎて、飲食店の経費として認められない可能性があります」

😀「たしかに……」

🤓「それに、会社へ払う金額が大きすぎると、かえって手取りが減ってしまいますよ」

😀「そうなんですか！　いくらくらいまでならいいのですか？」

🤓「計算すると、年間 78 万〜 98 万円がベストです」

😀「ずいぶん安いですね !?」

🤓「はい。会社の利益が 98 万円だと、社長としての給料が 75 万円（月給 6 万 2,500 円）です。これ以上給料を増やすと、社会保険料が上がってしまいます」

😀「会社にたくさん払ったほうが得なのかと思いました」

🤓「それは、会社のほうが税金が安いと思い込んでいるからですよ」

😀「社会保険料も合わせたら、給料のほうが税金が高いのでしたよね。配当はどうですか？」

🤓「配当は法人税を払った上に、所得税・住民税を払います。

計算すると、個人事業の事業税・所得税・住民税の合計よ
り必ず高くなるのですよ」

「では、会社から配当でもらっても、意味がないですね」

「はい。ですので、社会保険に最低の保険料で加入できる利
益以上は、会社に入れないほうがいいことになります」

「なるほど。今後、利益が増えても同じですか？」

「利益が 3,902 万円を超えるまでは 78 万〜 98 万円がベスト
です」

「3,902 万円を超えたらどうなるのですか？」

「そのときは、事業ごと会社にしたほうが有利になります」

「え？　逆に言うと、利益が 3,902 万円以下だったら、法人
成りするよりも、マイクロ法人を作って個人事業を続けた
ほうが得ってことですか？」

「ぶっちゃけ、そういうことです」

「えーっ!?　ほとんどの中小企業が利益 3,902 万円もないと
思いますけど、法人成りをすべきでなかったと？」

「節税だけを考えたら、マイクロ法人のほうがよかったです。
ただ、節税だけが会社の目的ではありませんので、ある程
度の規模になったら法人成りしてもいいと思いますよ」

「衝撃ですね……。うちは、どうしたらいいですか？」

「とりあえずマイクロ法人を設立して、あとは社会保険が加
入義務になるタイミングでまた考えましょう」

「そうですね。またよろしくお願いします」

解説

　Aさんのように、業務の一部をマイクロ法人に移す場合、マイクロ法人で数十万円の利益を出すのも大変だと思います。
　しかし、もし自由に利益を会社に移せるとしたら、いくらにするのがベストなのでしょうか？

　個人事業と会社の間で利益を調整できるのであれば、配当は節税になりません。配当より個人事業のほうが税金が安いので、その利益を個人事業に回せばいいことになります。ですので、会社の利益はすべて社長の給料にするという前提で計算します。

　税引前利益を1,000万円として、1万円刻みですべて計算してみたところ、結果は98万円がベストでした。こうすると、役員報酬が年間75万円（月額6万2,500円）となり、社会保険料が最低金額になるライン（月額6万2,999円以下）をギリギリ下回ることができます。

　なお、マイクロ法人の利益が78万〜98万円の間は、手取りがほとんど変わりませんので、この間の金額がベストと考えていただいても結構です。
　右の表のとおり、マイクロ法人の社長の給料が年間75万円を超えてしまうと、社会保険料がどんどん上がっていきますので、手取りはどんどん減っていきます。

税引前利益 1,000 万円の場合

マイクロ法人へ移した利益	マイクロ法人の社長給料	（今年の）手取り	年金の増加を含む手取り
0 円	0 円	667 万円	667 万円
73 万円	50 万円	739 万円	745 万円
78 万円	55 万円	741 万円	747 万円
83 万円	60 万円	741 万円	747 万円
88 万円	65 万円	741 万円	747 万円
93 万円	70 万円	742 万円	747 万円
98 万円	75 万円	742 万円	748 万円
100 万円	76 万円	741 万円	747 万円
150 万円	122 万円	737 万円	744 万円
300 万円	252 万円	723 万円	738 万円
500 万円	425 万円	708 万円	732 万円

※マイクロ法人の社長給料は、社会保険料の会社負担を考慮した上で、法人税支払後の利益がゼロになるように設定しています。

●利益が 2,000 万〜 3,000 万円だったら？

　A さんは個人事業の税引前利益は 1,000 万円でしたが、もし利益が 2,000 万円だったら、どうなるでしょうか。それが右の表です。

　将来もらう年金の増加を考えずに、今年の手取りだけを考えると、98 万円がベストで変わりません。しかし、年金の増加も含む手取りで比較すると、マイクロ法人の利益は 759 万円がベストということになります。
　とはいえ、手取りの差額はわずか 6 万円ですし、759 万円もの利益をマイクロ法人へ移すのは難しいと思います。特に事情がなければ、マイクロ法人へ移す利益は 78 万〜 98 万円にすることをお勧めします。

　さらに利益を増やして、個人事業の利益が 3,902 万円以下であれば、マイクロ法人の利益は 98 万円がベスト。3,902 万円を超えると、事業全体を法人化したほうが有利になります（厳密に言うと、利益を少しだけ個人事業に残し、それ以外の利益をすべてマイクロ法人に移すのがベストになります）。

　また、年金の増加を考慮した場合、個人事業の利益が 3,357 万円以下では、マイクロ法人の利益は 759 万円がベスト。3,357 万円を超えると、事業全体を法人化したほうが有利になります。

税引前利益 2,000 万円の場合

マイクロ法人へ移した利益	マイクロ法人の社長給料	（今年の）手取り	年金の増加を含む手取り
0 円	0 円	1,217 万円	1,217 万円
73 万円	50 万円	1,289 万円	1,295 万円
78 万円	55 万円	1,291 万円	1,297 万円
88 万円	65 万円	1,291 万円	1,297 万円
98 万円	75 万円	1,292 万円	1,298 万円
100 万円	76 万円	1,291 万円	1,297 万円
150 万円	122 万円	1,287 万円	1,294 万円
300 万円	252 万円	1,280 万円	1,295 万円
500 万円	425 万円	1,277 万円	1,301 万円
759 万円	653 万円	1,269 万円	1,304 万円
1,000 万円	867 万円	1,255 万円	1,298 万円

※マイクロ法人の社長給料は、社会保険料の会社負担を考慮した上で、法人税支払後の利益がゼロになるように設定しています。

●利益が 4,000 万円だったら？

　マイクロ法人に移す利益を増やしていくと、手取りは右の図のように増減します。2,000 万円でも 3,000 万円でも 4,000 万円でも、途中までは同じような形になります。

　マイクロ法人の利益が 1,806 万円を超えると、社長の給料が 1,626 万円以上となり、社会保険料が頭打ちになります。これ以上は、どれだけ給料を増やしても社会保険料は変わりません。
　給料に対する税金は、個人事業より若干安い（事業税がない）ため、法人の利益を増やしたほうが手取りが多くなります。

　さらに法人の利益を増やしていくと、法人の利益が 3,710 万〜 3,935 万円のときに、手取りが最大となります。このとき、個人事業の利益は 290 万円〜 65 万円となります。本業と副業が逆転してしまうのですね。
　完全な法人成り（4,000 万円すべての利益を移す）より手取りが多くなるのは、65 万円の青色控除を使えるからです。しかし個人事業の利益が 290 万円を超えると事業税が掛かるため、手取りが減少します。

　なお、個人事業を廃業して、会社だけにした場合、利益 98 万円のマイクロ法人より手取りが多くなるのは利益が 4,938 万円以上（年金の増加を考慮すると 3,726 万円以上）ということになります。

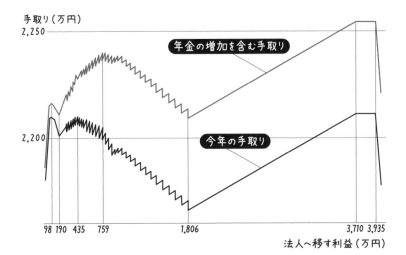

税引前利益 4,000 万円の場合

手取り（万円）

年金の増加を含む手取り

今年の手取り

98 190 435 759　1,806　3,710 3,935

法人へ移す利益（万円）

マイクロ法人へ 移した利益	マイクロ法人の 社長給料	（今年の） 手取り	年金の増加を 含む手取り
0 万円	0 万円	2,137 万円	2,137 万円
78 万円	55 万円	2,209 万円	2,215 万円
98 万円	75 万円	2,209 万円	2,215 万円
190 万円	156 万円	2,201 万円	2,210 万円
435 万円	371 万円	2,209 万円	2,229 万円
759 万円	653 万円	2,205 万円	2,240 万円
1,806 万円	1,626 万円	2,167 万円	2,210 万円
3,710 万円	3,530 万円	2,212 万円	2,255 万円
3,935 万円	3,755 万円	2,212 万円	2,255 万円
4,000 万円	3,819 万円	2,179 万円	2,223 万円

71

●結局、どのタイミングで法人成りすべきか？

いろいろと難しい説明をしてきましたが、結局、どのタイミングで法人成りすればいいのでしょうか？

結論から言えば、**利益が4,000万円くらいにならないと、法人成りはベストの節税とは言えません。マイクロ法人のほうが得です。**

特に、従業員を雇っていて社会保険に未加入の場合は、従業員の社会保険料の負担も加わりますので、なおさら法人成りするメリットがなくなります。

ただ会社のほうが、融資の受けやすさや対外的な信用力では有利になります。また、従業員を雇っているのであれば、会社のほうが従業員も喜ぶと思います（格好いいので）。

ですので、マイクロ法人を設立できる事業があれば、まずはマイクロ法人を設立し、社会保険に強制加入になる（従業員が5人以上になる）時点で法人成りを検討したらいいと思います。

この時点で法人成りをするのであれば、すでにマイクロ法人を設立しているので、個人事業を吸収合併する形になります。

もし可能であれば、会社設立後に、一部の業務を個人事業で行ないましょう。65万円までの利益は、青色申告特別控除でゼロになりますので、すべて会社で行なうより有利です。

なお、個人事業の売上が300万円以下の場合、65万円の控除が使えない可能性がありますので、お気をつけください。

個人事業、法人成り、マイクロ法人の比較

	個人事業	会社 （給料のみ）	会社 （給料+配当）	個人事業 + マイクロ法人
税金	（個人と比べて）	安い	高い	やや高い
社会保険料	（個人と比べて）	とても高い	安い	とても安い
税金 + 社会保険料	（個人と比べて）	高い	同じ〜安い	とても安い
メリット	申告が簡単	信用力が高いなど （会社のメリット）		手取りが多い 社長を名乗れる
デメリット	信用力が 低い	手取りが 少ない	配当を出す 手続きに手間が 掛かる	別の事業を 作る必要が ある

マイクロ法人の事業を
作るのも大変！

●社会保険の加入条件の復習

　社会保険の加入条件について、あらためて確認します。

　会社の代表者は少額でも給料をもらっていたら、社会保険加入となります。代表者が2人以上いる場合は、その全員が社会保険の加入対象となります。ですので、社会保険に加入するために、代表者をあえて複数にしている会社もあります。

　代表者ではない役員の場合は、業務の実態に応じて加入対象かどうかを判断されます。給料があまりに少額だと、加入できない可能性が高くなります。

　役員ではなく従業員の場合は、週に30時間（条件によっては20時間）以上の勤務で社会保険加入になります。もし、国民健康保険料を節減するために、他社のアルバイトをすることで社会保険に入ろうとすると、それなりに長時間の勤務をしなければなりません。

　この章の最後に、ひと言。

　あくまで、会社は好きなタイミングで設立してください。ここでご説明したことは、1円でも手取りを多くする方法であって、会社にする目的はそれだけではないはずです。マイクロ法人の管理もそれなりに手間を取られますので、本業に集中したほうがいいかもしれません。

　本末転倒にならないよう、お気をつけください。

少額でも
給料をもらっていたら
社会保険加入

会社の社長
（代表権のある役員）

勤務時間や給料の金額等を
勘案して、加入対象か
どうかを判断される

会社の役員
（代表権のない役員）

週の労働時間が 30 時間
（大企業などは 20 時間）
以上だと社会保険加入

会社の従業員
（社員・アルバイト）

2章のポイント

- 社長1人だけの非常に小さな会社をマイクロ法人と呼ぶ

- マイクロ法人は社長の給料が少額のため、社会保険料が非常に少なくて済む

- 個人事業の業務の一部を外注することで、マイクロ法人の売上を作る

- 外注が難しい場合は、個人事業の業務の一部を分離して、マイクロ法人の売上を作る

- 事業の分離も難しい場合は、マイクロ法人設立のために副業を始めてもよい

- マイクロ法人の利益は年間98万円がベストである

- 事業の利益が3,902万円を超えると、法人化＋小規模な個人事業が最も有利になる（年金の増加を考慮しない場合）

- 節税だけ考えるのであれば、マイクロ法人設立がベスト

- 完全な法人成りがマイクロ法人より有利になるのは、利益が4,938万円のときである（年金の増加を考慮しない場合）

3章

社会保険料激増の大誤算！

副業を会社にすれば節税になるのか？

副業をしている
Bさん

税理士

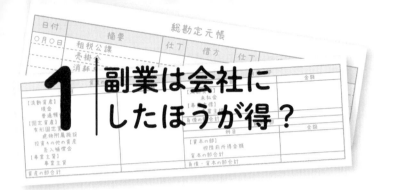

1 | 副業は会社にしたほうが得？

B さん「こんにちは。A さんから紹介された B と申します」

税理士「こんにちは。今日はどんなご相談ですか？」

「実は、副業でホームページの作成などをしているのですけど、副業を会社にしようかと思いまして」

「どうして会社にされるのですか？」

「A さんから、小さい会社を作ると節税になると聞きました」

「私のアドバイスをお話しされたのですね。ただ、サラリーマンの副業なら個人事業をお勧めします」

「でも、社会保険料の節税になると聞いたのですけど」

「そもそも、個人事業の収入に対しては社会保険料を払っていませんよね？」

「たしかに、そうですね……」

「勤務先で社会保険に入っている場合は、個人事業でどんなに利益が出ても、社会保険料も国民健康保険料も掛からないのですよ」

「つまり、もともと払っていないから、社会保険料は減らないということですか？」

「そうです。しかも、会社にして社長になると、副業でも社会保険料が発生しますよ」

「そうなんですか!」

「個人事業では払わなかった社会保険料を、会社にすると払うことになるので、手取りが減りますね」

「どれくらい減りますか?」

「勤務先のお給料と、副業の利益を教えてください」

「給料は月給50万円で、年間600万円です」

「賞与はありませんね?」

「はい。副業は売上が300万円ちょっとで、いろいろな経費を引いたら200万円くらいです」

「ちょっと計算しますね……」

「お願いします」

「副業を会社にすると、税金は3万円の増加、社会保険料は53万円の増加です」

「合わせたら56万円も増えるのですか!?」

「はい。あと、勤務先の負担する社会保険料も年間2万円近く増えます」

「勤務先の負担も増えるのですか?」

「社会保険料は勤務先と金額を調整するので、勤務先の社会保険料の負担が増える場合もありますよ」

「会社に知られるのはマズいです」

「こっそり副業しているのですか?　副業を会社にして給料でもらうと、勤務先の給料から天引きする住民税が増えるので、どちらにしてもバレますよ」

「そうなんですね!」

解説

　2章では、個人事業とマイクロ法人を併用すると、最も手取りが多くなると説明しました。個人事業と給料の2つの収入がある場合は、以下のようなメリットがあるからです。

・青色申告特別控除と給与所得控除の両方が適用できる
・事業収入には社会保険料も国民健康保険料も掛からない

　そのため、勤務先からの給料収入がある場合、もう1つの収入は個人事業にしたほうが、ほとんどのケースで手取りが多くなります。

　また、勤務先に言わずに会社を作って副業をしている場合、社会保険料の調整のため、勤務先に知られてしまうという問題もあります。それによって勤務先の負担が増えるなら、なおさらです。

　仮に社会保険に入らなかったとしても（違法ですが）、2ヶ所からの給料は合算されて住民税の請求が勤務先へ行ってしまいます。事業収入や配当収入などの住民税は、確定申告時に普通徴収（個別納付）を選択できますが、給料はできません。節税とは関係ありませんが、参考に知っておいてください（市町村によっては、給料収入の住民税を個別納付できる場合もあります）。

事業収入と給料収入の組み合わせが得する理由

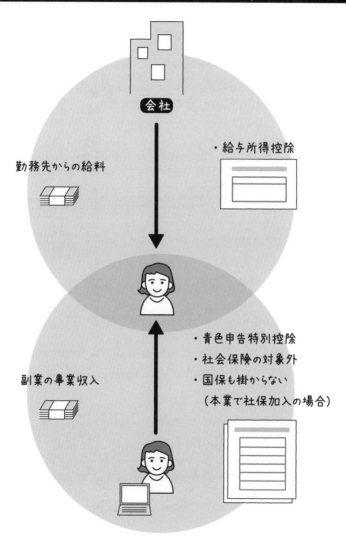

会社

勤務先からの給料

・給与所得控除

・青色申告特別控除

・社会保険の対象外

・国保も掛からない

（本業で社保加入の場合）

副業の事業収入

●副業を法人成りして給料をもらったら

　もし、副業を会社にして給料をもらう場合、自分が代表者であれば社会保険の加入義務が生じます。この際、社会保険料の金額は、勤務先と副業の給料を合算して計算することになります。

　そして、その社会保険料を勤務先と副業の給料額で按分して、それぞれの会社で納付することになります。

　仮に、勤務先の年収が600万円、副業の税引前利益が200万円の場合、毎月の収入が均等だとすると右の表のようになります。

　勤務先からの月給は50万円、副業の月給は165万円÷12＝13.75万円となりますので、合計の月給は63.75万円です。これで社会保険料を計算すると、会社負担が年間で119.6万円となります。

　119.6万円を600万円：165万円で按分すると、それぞれ93.8万円と25.8万円で、これを勤務先と自分の会社がそれぞれ負担します。

　もともと、年収が600万円の場合の会社負担は92万円ですので、勤務先の負担は93.8万円－92万円＝1.8万円増えますね。逆に減る場合もありますが、勤務先の許可を得てやらないとトラブルになると思います（なお、165万円という給料額は、結果的に副業の会社の利益がゼロになるよう逆算して設定しています）。

副業を会社にする場合と個人事業にする場合の税金の比較

会社（副業）		
社長の給料支払前の利益		200 万円
社長の給料		165 万円
●健康保険・年金		26 万円
★法人税等		9 万円
税引後利益		0 円

本業の
会社と
按分して
納付

個人（事業主または社長）		
	個人事業	給料
副業の税引前利益・給料	200 万円	165 万円
★個人事業税	0 円	0 円
勤務先からの給料	600 万円	600 万円
実質的な利益	800 万円	765 万円
青色申告特別控除	65 万円	0 円
給与所得控除	164 万円	187 万円
所得	571 万円	578 万円
●健康保険・年金 ＝社会保険料控除	90 万円	117 万円
基礎控除	48 万円	48 万円
課税所得	433 万円	413 万円
★所得税・復興税	45 万円	41 万円
★住民税	44 万円	42 万円
★税金合計	89 万円	92 万円
●健康保険・年金合計	90 万円	143 万円
税金と健康保険・年金の合計	179 万円	235 万円

会社にすると
56 万円も
税金等が増加

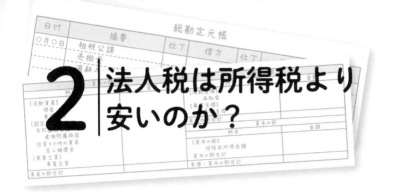

😊「先生のお考えでは、サラリーマンの副業は個人事業一択ですか？」

😎「実は、副業の利益が大きくなると、副業も会社にして、給料をもらったほうが有利になります」

😊「どれくらい儲かったら、会社にしたほうがいいですか？」

😎「計算してみましょうか？」

😊「はい。お願いします」

😎「勤務先の年収が600万円だと……副業の利益が6,330万円を超えると、会社にしたほうが有利です」

😊「そんなに儲かったら、副業と言わないですよ！」

😎「一応、勤務先の年収が1,000万円でも計算してみましょうか？」

😊「はい」

😎「副業の利益が6,120万円を超えると、会社にして給料をもらったほうが有利です」

😊「どちらにしても無理ですね……」

😎「ですから、現実的には個人事業一択ですよ」

😊「よく、法人税のほうが所得税より税率が低いから節税になると聞きますけど、違うのですか？」

3 章　社会保険料激増の大誤算！　副業を会社にすれば節税になるのか？

😎「Bさんの収入だと、所得税は住民税も合わせて30%、副業を会社にした場合の法人税は21%です」

🙂「会社のほうが安いですね」

😎「副業の会社から給料をもらわずに、法人税を払うのであれば、仰るとおり税金は安くなりますよ」

🙂「それではダメなんですか？」

😎「法人税を払った残りの利益を、Bさんが配当でもらうときに所得税・住民税が掛かりますので、合計すると税金が高くなります」

🙂「配当をもらわなかったら、どうなるのですか？」

😎「内部留保といって、会社に貯まっていきます。これは生活費には使えないので困りませんか？」

🙂「もともと副業の利益は老後の資金にするつもりなので、貯めておけばいいと思いますけど」

😎「でも、最後に会社を解散するときに、内部留保した利益を配当でもらったと見なして税金が掛かります。金額が大きくなるので、税率がすごく高くなりますよ」

🙂「結局、どこかでもう1回、税金を払わないといけないのですね」

😎「はい。ですので、法人税が安いというのは、目先の資金繰りだけなんです。純粋に節税だけで考えるのであれば、法人税の税率だけ見ても意味がありません」

🙂「てっきり、法人税の税率のほうが低いから、節税になるのだと思っていました」

　副業の利益が200万円の例では、会社にして給料をもらうことによって手取りが56万円も減ってしまいました。この手取りが個人事業より多くなるのは、利益が何円からでしょうか?

　それを計算したのが右の表です。副業の利益が6,330万円以上になると、会社にしたほうが手取りが多くなります（年金の増加を加味すると5,850万円以上）。

　これは勤務先からの給料が600万円のケースで計算していますが、もし給料が1,000万円だとすると、損益分岐点は6,120万円となります。いずれにしても、副業を会社にして個人事業より手取りを多くするのは不可能に近いと言えます。

　2章では、給料が1,626万円を超えると社会保険料が頭打ちになるため手取りがよくなると書きました。しかし、勤務先と副業で按分する場合は、副業の会社の負担率が上がっていくため、1,626万円を超えても負担が増えていきます（その分、勤務先の社会保険料負担が減っていきます）。

　難しい話になってしまいましたが、副業を会社にして給料をもらうと社会保険料の負担が大きく、節税にはならないことを理解しておいてください。

勤務先からの年収が 600 万円の場合

副業の 税引前利益	（今年の）手取り		年金の増加を含む手取り	
	副業が 個人事業	副業が会社 （給与）	副業が 個人事業	副業が会社 （給与）
100 万円	552 万円	514 万円	585 万円	551 万円
200 万円	621 万円	565 万円	654 万円	608 万円
300 万円	691 万円	627 万円	724 万円	670 万円
500 万円	822 万円	744 万円	855 万円	787 万円
1,000 万円	1,108 万円	1,013 万円	1,141 万円	1,056 万円
3,000 万円	2,064 万円	1,997 万円	2,097 万円	2,040 万円
5,850 万円	3,303 万円	3,293 万円	3,336 万円	3,336 万円
6,330 万円	3,504 万円	3,504 万円	3,537 万円	3,547 万円
7,000 万円	3,785 万円	3,799 万円	3,818 万円	3,842 万円

勤務先からの年収が 1,000 万円の場合

	（今年の）手取り		年金の増加を含む手取り	
200 万円	880 万円	831 万円	922 万円	874 万円
500 万円	1,057 万円	986 万円	1,100 万円	1,029 万円
1,000 万円	1,325 万円	1,242 万円	1,368 万円	1,285 万円
3,000 万円	2,257 万円	2,200 万円	2,299 万円	2,243 万円
6,120 万円	3,592 万円	3,592 万円	3,635 万円	3,635 万円

●法人税は所得税より安いのか？

　税金対策の書籍や、インターネットの記事を読みますと、法人税と所得税（住民税・事業税も含む）の税率を比較している人が多いように思います。しかし、この比較にはあまり意味がありません。

　個人事業から発生した利益に対しては、所得税・住民税・個人事業税を支払えば納税は終わりです。しかし、会社で発生した利益に対しては、法人税を支払って終わりではありません。法人税を払った残りのお金に対し、さらに所得税・住民税を払わなければ自分のお金として使えないのです。

　もちろん、配当をもらわなければ所得税・住民税は掛かりませんが、それでは生活できません。仮に一度も配当を出さなかったとしても、最後に会社を解散するときに、残ったお金に対して所得税・住民税が発生します（配当として課税されます）。金額が大きいと税率が高くなりますので、かなりの納税額になります。
　事業を終えるまでのトータルで考えると、いつか必ず所得税・住民税を払う仕組みになっているのです。

　つまり、法人税は事業で発生する税金の一部に過ぎませんので、一度しか課税されない個人事業の税金と比較できないのです。

個人と会社では払う税金が異なる

個人事業の場合

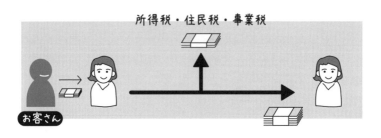

会社の場合

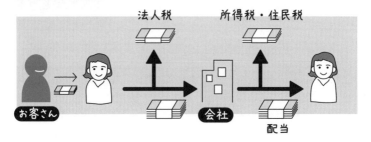

会社だと
納税は2回！

●高額所得者なら法人税のほうが得か？

　一般論として、1つの事業をやっている人が、個人事業にするのと、会社にしてすべて配当をもらうのでは、税金はどれくらい違うのでしょうか。会社から給料を出さないという前提で考えると、社会保険には加入しませんので、所得に応じた国民健康保険料も掛かることになります。

　それを計算したのが右の表です。この表を見ればわかるとおり、利益が何円だとしても、会社が有利になることはありません。仮に利益が1億円、10億円となっても、差が広がっていきます。個人の税率が50％を超えるから会社が有利、とは必ずしもならないのです。

　先ほどご説明したとおり、会社では決算のときに法人税を払い、配当をもらうときには所得税・住民税を払います。
　2回も税金を払うのは不公平になるので、配当に対する所得税・住民税は安くなるようになっています。これを「配当控除」といい、配当額の約13％（高額所得者は6.5％）に当たる税金が減額されます。
　しかし、法人税は税引前利益に対して約21〜34％も支払っています。例えば法人税を21％払ったあとに、配当額の13％分の所得税・住民税を減額してもらっても割に合いません。個人事業の場合は、所得税・住民税以外に個人事業税も掛かりますが、最大で5％ですので、会社に比べると負担が少ないのです。

個人事業と会社（配当）の税金等の比較

税引前利益	個人事業 税金等	会社税金 （法人税+配当課税）等
300 万円	72 万円	122 万円
500 万円	132 万円	192 万円
700 万円	210 万円	263 万円
1,000 万円	333 万円	387 万円
3,000 万円	1,331 万円	1,516 万円
5,000 万円	2,424 万円	2,804 万円

※税金等には国民健康保険、国民年金を含みます。

個人事業　会社

トータルだと会社の
ほうが税金は高い！

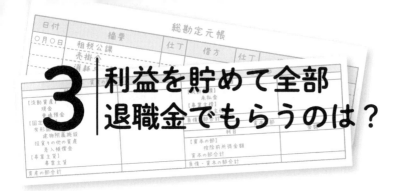

3 | 利益を貯めて全部退職金でもらうのは？

👩「ところで、退職金はすごく税金が安いと聞きますけど、解散するときに貯まったお金を全部退職金でもらったら、節税になりませんか？」

👨「たしかに税金も安いですし、社会保険料も掛からないですね。副業は何年後まで続ける予定ですか？」

👩「20年後の予定です。その頃は勤務先も定年になっていますし」

👨「ちょっと計算してみましょう。今の副業の手取りは、個人事業として確定申告すると年間162.2万円ですね？」

👩「多分それくらいです」

👨「20年間それを貯金すると、162.2万円×20年=3,244万円貯まるはずです」

👩「はい」

👨「退職金の手取りが3,244万円より多ければ、会社にしたほうがいいということになりますね？」

👩「そうですね」

👨「副業を会社にした場合、倒産防止共済という保険を掛けて、最大限の節税をしたとします」

👩「倒産防止共済……って何ですか？」

「それは、またあらためて説明します。その場合、20 年後に
貯まっている利益は 3,176 万円になります」

「退職金が 3,176 万円だと、少し減りますね」

「いえ、その退職金に 362 万円の税金が掛かりますので、手
取りは 2,814 万円です」

「トータルで 400 万円以上も減るのですか！」

「退職金は所得税・住民税が安いですけど、3,000 万円も一
気に払ったら、そこそこ高くなりますね」

「たしかに、そうですね」

「勤務先の給料が高くなれば、個人事業の税金も高くなるの
で、退職金のほうが有利になるかもしれません」

「もし年収が 2,000 万円だったらどうですか？」

「勤務先の年収が 2,000 万円だと、副業の手取りは 141 万円
です。20 年で 2,820 万円ですので……」

「それでも個人事業のほうが有利ですか？」

「法人税を払った上に、退職金にも税金が掛かりますからな
かなか難しいですね……」

「そもそも年収 2,000 万円もらうのも無理ですけどね」

「B さん、それでも会社にしたいですか？」

「まあ、『社長』と言われてみたかったですけどね」

「わかりました。もしかしたら、会社でしかできない節税を
すれば、会社のほうが有利になるかもしれません」

「会社にしかできない節税ですか？」

「はい。そうです」

解説

　退職金は、老後の生活費を確保するという意義もあるため、税金も社会保険料も大変優遇されています。そのため、よく節税に使われます。まず、その計算方法をご説明します。

　最初に退職所得控除として、以下の金額が非課税となります。

勤続年数20年以下：勤続年数×40万円
勤続年数20年超　：800万円＋（勤続年数−20）×70万円

　上記の金額を差し引いたあと、さらに所得を2分の1します（勤続年数が5年超の場合）。

　これだけでもかなり所得が小さくなるのですが、分離課税といって、他の所得がないと仮定して税額を計算します。通常は他の所得が合算されて税率が高くなるのですが、退職金の場合は税率が上がりません。

　さらに、社会保険料の支払いもありませんから、給料に比べて格段に手取りがいいことになります。もし3,176万円の退職金を給料と同じ方法で課税したら税金が1,200万円以上掛かるところが、たった362万円で済むのです。

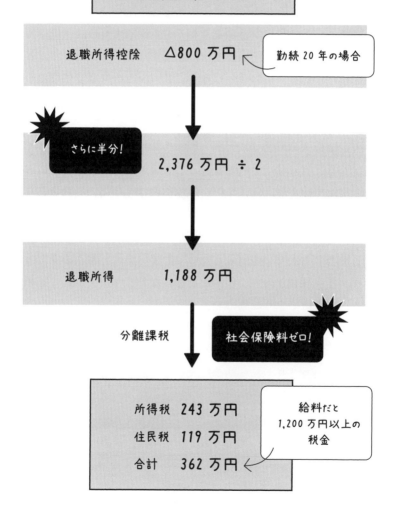

退職金に対する税金の計算

退職金 3,176 万円

退職所得控除　△800 万円 ← 勤続 20 年の場合

さらに半分！

2,376 万円 ÷ 2

退職所得　1,188 万円

分離課税　　社会保険料ゼロ！

所得税　243 万円
住民税　119 万円
合計　　362 万円 ← 給料だと 1,200 万円以上の税金

●倒産防止共済とは

　倒産防止共済とは、経営セーフティ共済とも呼ばれる、取引先が倒産したときに融資を受けられる公的な保険です。

　特徴としては掛金が全額経費になり、3年4ヶ月以上掛けてから解約すると、全額が返金される点です。つまり、貯金とほとんど変わりません。にもかかわらず、払ったときに経費になるわけですから、税金対策で利用する人が非常に多いのです。

　掛金は最大で月額20万円、総額で800万円です。解約して返金されるときには、それが収入として課税されます。経費にして減少した税額より、収入に掛かる税額のほうが高い場合もありますので、トータルで得か損かはわかりません。

　部分解約はできないため、800万円も貯めこんでしまうと、解約したときにかなりの収入となってしまいます。個人事業だと所得税が累進課税なので、税金が高額になります。ですので、個人事業の方にはあまりお勧めできません。

　会社の場合、退職金を出すタイミングで解約すれば、退職金の資金にもなりますし、解約の収入より退職金が多ければ法人税は掛かりません（退職金が経費になるため）。

　Bさんの事例では、毎年40万円ずつ、合計800万円を掛けたとして計算しています。退職時に解約しますので、それに対する法人税が発生しないようにしています。

倒産防止共済の仕組み

掛金支払い時

解約時（3年4ヶ月以上）

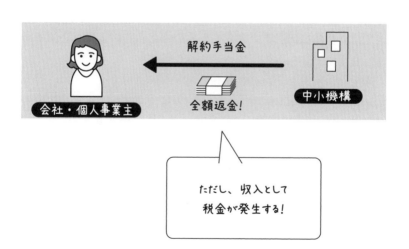

●退職金はいくらまで経費にできるのか

　役員退職金は高額すぎる場合、会社の経費として認めないというルールがあります。社長の場合、一般的には次の式で計算した金額までが適正と言われています。

退職金＝社長の月給×勤続年数×３
　　　　※月給は最終年度または勤続期間平均の月給

　さて、Ｂさんの会社の場合、社長の給料はゼロですから、上記の式に当てはめると、退職金もゼロになってしまいます。しかし、上記は目安であって、無報酬の社長の退職金を一切認めないというわけでもないのです。

　では具体的に何円まで大丈夫かというと、そのような法律や通達、裁判例が見当たらないのでわかりません。
　個人的には退職所得控除の額、つまり所得税が掛からない程度の金額なら、経費として認められると思います。税務署が税金を掛けなくてよいと判断している金額ですから。

　Ｂさんの事例では、倒産防止共済を解約した収入800万円と同額の800万円を退職金の経費とすることを想定しています。これで法人税はゼロになりますし、これ以上経費にしても意味がありません。もし10年で廃業するのであれば、10年×40万円＝400万円までを経費にするのが無難と思われます。

Bさんが退職金でもらう流れ

1年目

本来の利益	200万円
倒産防止共済	△40万円
税引前利益	160万円
法人税	41万円
内部留保	119万円
（実質は159万円）	

20年目

本来の利益	200万円
倒産防止共済	△40万円
税引前利益	160万円
法人税	41万円
内部留保	119万円
（実質は159万円）	

倒産防止共済で
法人税を下げる

21年目（解散年度）

本来の利益	0円
解約手当金	800万円
退職金（経費）	△800万円
退職金（経費外）	△2,376万円
法人所得	0円
法人税等	0円

解約手当金の
利益を退職金の
経費で相殺して
法人税をなくす

（所得は経費のみ引いた数字）

※内部留保119万円×20年＝2,376万円（端数計算のため）
　2,376万円＋解約手当金800万円＝退職金3,176万円
　退職金3,176万円のうち800万円を経費とする。

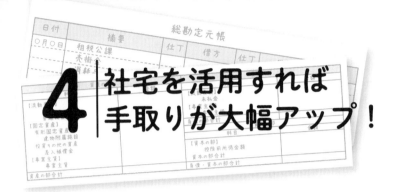

「Bさんのお住まいは賃貸ですか？」

「はい。賃貸マンションに住んでいます」

「では、その部屋を会社で借りて、社宅にしたとします」

「契約の名義を変えるのですか？」

「そうです。副業の会社で契約して、家賃も払います」

「私の住まいの家賃が、経費になるのですか？」

「なります。家賃はいくらですか？」

「10万円です」

「その10万円を会社が払う代わりに、Bさんは会社に家賃を
3万円払ってください」

「ずいぶん安いですね」

「会社へ払う家賃は計算方法が決まっています。10万円の賃
貸マンションなら、たぶん2〜3万円くらいです」

「差額の7万円を、会社が負担するということですか？」

「そうです。これで経費が年間84万円も増やせますよ」

「これだと、個人事業より節税になりますか？」

「まず、Bさんは家賃が7万円安くなった分、20年間だと7
万円×12ヶ月×20年＝1,680万円は貯金できますね？」

「そうなりますね」

👓「副業の会社の利益が減りますので、退職金も減ります。計算すると退職金は 1,855 万円。ここから税金が 117 万円引かれて 1,738 万円が手取りです」

🙎「1,680 万円 + 1,738 万円は……3,418 万円 !?」

👓「個人事業の 3,244 万円を超えましたね！」

🙎「だったら、会社を設立したほうがいいですね！」

👓「そうですね。ただ、ちょっと待ってください。もう少し手取りを増やせるかもしれません」

🙎「どうやるのですか？」

👓「解散するときに、貯まった利益をすべて退職金にするのではなく、所得が 330 万円以下の部分は配当にしましょう」

🙎「配当は税金が高くなるのではないですか？」

👓「所得 330 万円以下なら、税率は実質 2.1 〜 7.2% です」

🙎「退職金の税率は何 % ですか」

👓「非課税の金額を超えたら、最低でも実質 7.6% 以上です」

🙎「配当のほうが、税率が低いのですね！」

👓「例えば退職金 1,525 万円、配当 330 万円だとすると、税金は合計 81 万円になります」

🙎「全部退職金だと税金は 117 万円でしたよね？　36 万円も手取りが増えるのですか！」

👓「はい。これも含めると個人事業より 210 万円ほど有利になりました」

🙎「会社の申告は、先生にお願いできるのですか？」

👓「浮いた税金より、20 年分の税理士報酬のほうが高くなってしまうので、自分でやったほうがいいですよ」

解説

　よく、「会社を設立すればいろいろなものを経費で落とせる」
と言う人がいます。しかし実際には、**会社で経費になるものは、
ほとんど個人事業でも経費に**なります。

　例外的に会社でしか経費にならないものもあって、その1つが
「事業主（社長）に対する」退職金や福利厚生費です。

　退職金や福利厚生費の活用については、拙著『東大卒税理士が
教える　会社を育てる節税の新常識』に詳しく説明していますの
で、関心のある方は読んでいただきたいと思いますが、この節で
は社宅について簡単にご説明します。

　社宅は、会社や役員や従業員のために購入または賃借した住宅
です。そのため、その購入費または家賃が経費になります。なお、
自己所有の住宅を会社に賃貸し、そこに住んでも社宅にはなりま
せん（実態が自己所有と変わらないため）。

　社宅に住む場合は、一定額の家賃を会社に支払うことになって
います。その金額は非常に安く設定されているため、実際の家賃
との差額を手元に残すことができます。

　例えば、10万円の家賃を払っていたマンションに3万円で住
めるようになれば、手取りが7万円増えるのと同じです。そして、
会社の経費をその分増やすことができるのです。

社宅に住む役員が会社に支払う家賃

次の (1) 〜 (3) の合計額以上の家賃を会社に支払う。※

(1)　その年度の建物の固定資産税の課税標準額 × 0.2%

(2)　12 円 × その建物の総床面積（㎡）÷ 3.3 ㎡

(3)　その年度の敷地の固定資産税の課税標準額 × 0.22%

> 例　建物の課税標準額 1,000 万円、床面積 99 ㎡、土地の課税標準額 400 万円の場合

(1)　1,000 万円 × 0.2% = 20,000 円

(2)　12 円 × 99 ㎡ ÷ 3.3 ㎡ = 360 円

(3)　400 万円 × 0.22% = 8,800 円

2 万 9,160 円

社宅家賃

2 万 9,160 円以上

会社

※条件により計算方法が異なります（詳細は 236 ページ）。

103

●退職金と配当のどちらが有利？

　会社を清算するときに、内部留保があれば株主に支払われます。これは配当として課税されますので、あまり内部留保が大きいと税額も大きくなってしまいます。

　そのため、社宅家賃や退職金を支払うなどの方法で内部留保を減らすわけですが、配当をゼロにする必要があるでしょうか？

　実は、課税所得が330万円以下だと、配当の税率は実質2.1～7.2％ですので、退職金より税金が安い場合があります。

　Ｂさんのように、会社を清算する時点で勤務先を定年退職していれば、年金の収入しかありません。もし、年金が年間210万円だとすれば、雑所得となるのは210万円 − 110万円 = 100万円です。社会保険料控除や配偶者控除などの諸控除が100万円だとすれば、課税所得は100万円 − 100万円 = 0円になります。

　上記のように、現在の課税所得が0円であれば、あと330万円は非常に安い税率で配当をもらうことができます（もし課税所得が100万円であれば、あと230万円）。

　もちろん、勤務先を退職前であったり、他の収入があって課税所得が330万円を超えていたりするのであれば、退職金でもらうほうが有利になります。

　年金以外に収入がなく、退職金が非課税の金額を超えてしまう場合は、配当と税率を比較してみましょう。

配当と退職金（非課税にならない金額）の税率の比較

配当

（万円）

	44.335% （最大 49.44%）
1800	
	37.188%
1000	
900	30.683%
695	20.473%
	17.41%
330	
195	7.2%
0	2.095〜7.2%

退職金

（万円）

	21.8465% （最大 27.9725%）
1800	
	16.7415%
1390	
	15.21%
660	
	10.105%
390	
	7.5525%
0	

税率（所得税・住民税）

課税所得（他の所得や
控除を通算した結果）

退職金のうち、退職
所得控除を超えた金額
（2分の1にする前）

※配当の税率は所得 1,000 万円から上がりますが、この 1,000 万円のラインだけは退職
所得なども合算して計算するため、上記の図と異なる場合があります。

105

●結局、副業を会社にするならどうしたらいい？

　副業を会社にした場合、給料を出しても配当を出しても、個人事業より不利になってしまいます。ですので、会社を有利にするためには、以下のような方法で納税額を抑える必要があります。

①福利厚生費や倒産防止共済を使って、毎年の法人税の納税額をゼロに近づける

②退職などで勤務先からの所得が減少したときは、所得330万円以下の範囲で配当を出し、退職金を減らす

　①については、社宅や倒産防止共済以外にも、医療保険や生命保険を会社名義にするという方法もあります。
　まず、可能な範囲で法人税を減らします。その上で、もし課税所得が330万円を下回る状態になったら、配当で内部留保を減らしていきます。
　Bさんの事例では解散年度だけ配当を出す（解散時に残った内部留保を配当とする）という説明をしましたが、勤務先を退職したら解散まで毎年配当を出したほうが、さらに有利になります。

　ここまでやっても、個人事業で得られる手取りを超えられないのであれば、潔く諦めましょう。Bさんの場合は、たまたま会社のほうが有利になりましたが、どうやっても有利にならないケースも多いと思います。

少しでも手取りを増やすための流れ

1年目

本来の利益	200 万円
社宅経費	△84 万円
倒産防止共済	△40 万円
税引前利益	76 万円
法人税	23 万円
内部留保	53 万円

～

20 年目

本来の利益	200 万円
社宅経費	△84 万円
倒産防止共済	△40 万円
税引前利益	76 万円
法人税	23 万円
内部留保	53 万円

社宅等を使って法人税を下げる

21 年目（解散年度）

本来の利益	0 円
解約手当金	800 万円
退職金（経費）	△800 万円
退職金（経費外）	△725 万円
配当（経費外）	△330 万円
法人所得	0 円
法人税等	0 円

配当のほうが税率が低い場合は、その部分を配当にする

※内部留保 53 万円 ×20 年＝1,055 万円（端数計算のため）
1,055 万円＋解約手当金 800 万円＝退職金 1,525 万円＋配当 330 万円

3章のポイント

・本業の会社で社会保険に入っている場合、副業の個人事業には社会保険料も国民健康保険料も掛からない

・副業が個人事業の場合、青色申告特別控除と給与所得控除の両方を適用できるため、税金が安く抑えられる

・副業を法人成りして代表者になると、給料に対して社会保険料が発生し、本業の社会保険料にも影響が出る

・副業の利益がおおむね6,000万円以下の場合、副業を法人成りすると手取りが減ってしまう。

・個人事業は1回の納税で済むが、会社は法人税と配当に対する課税で2回納税するため、手取りが少なくなる

・退職金は通常の給料より税金が安く、社会保険料も掛からない

・倒産防止共済は掛金がすべて経費になる上、解約すると全額が戻ってくる（ただし、収入として課税される）

・社宅を活用すれば、所得税や社会保険料を節減できる

4章

会社の仕組みを徹底解説！

株式会社と合同会社、
どちらがいいの？

飲食店経営
Aさん

税理士

1 そもそも、会社って何？

「先生、さっそくマイクロ法人を作りたいと思うのですけど、株式会社と合同会社のどちらがいいのですか？」Aさん

「どちらでもいいですよ」税理士

「……。もう少し詳しく教えていただけませんか？」

「そうですね。まず、会社って何だと思いますか？」

「そう言われると、よくわかりません」

「例えば、Aさんはお店を開業するとき、開業資金はどうしましたか？」

「それまで貯めた貯金300万円と、銀行から500万円借金して始めました」

「つまり、お1人でお金を出して開業されたのですよね」

「そうです」

「では、お店が絶対に儲かるとして、開業に1億円掛かるとすれば、どうすればいいですか？」

「絶対に儲かるのなら、銀行から9,700万円を借ります」

「自分で300万円しか出せない人に、9,700万円も貸してもらえませんよ」

「では、知り合いに声を掛けて、お金を出し合えばいいですか？」

「そうですね。例えば 10 人で 300 万円ずつ出し合えば 3,000 万円になります。そうすれば残りの 7,000 万円は貸してもらえるかもしれません」

「なるほど。お店の経営は誰がやるのですか？」

「そこで、会社という組織を作って、出資者、つまりお金を出した人たちで、共同経営します」

「みんなで話し合って決めていくのですね」

「はい。これが会社の中でも合同会社のイメージです」

「株式会社は違うのですか？」

「例えば、その商売がうまくいって、100 億円の工場を建設することになりました。銀行は 70 億円しか貸してくれません。あと 30 億円どうしますか？」

「300 万円出してくれる人を 1,000 人探しますか？」

「300 万円も出せる人は、そんなにいないですよ」

「では、30 万円出してくれる人を 1 万人探します」

「そうなりますよね。小口にして多人数から集めます」

「1 万人だと共同で経営するのは無理ではないですか？」

「はい。しかも、規模が大きいと経営も難しくなります。そこで、外部から経営者を雇って、その人に任せます」

「経営のプロに任せるのですね」

「出資者は、誰に経営を任せるのかを決めたら、基本的に経営には関わりません。これが株式会社のイメージです」

「中小企業は、どちらが向いているのですか？」

「どちらも向いていませんよ。そもそも共同出資しないので、会社にする必要がないですね」

解説

　会社の起源は、古代イタリアの地中海貿易と言われます。大きな船を建造し、船員を雇って貿易を行なうのは、1人の富豪の財力では不可能でした。そこで、共同で資金を集めて貿易を行ない、利益を山分けしていたそうです。

　もともとは、1回の貿易が終わったら船も含めてすべて処分し、すべての財産を配分して解散していました。しかし、それでは効率が悪いので、次の貿易に必要な資産（船など）を会社に残し、継続して事業を行なうようになりました。これが、現在の会社制度の始まりです。事業の継続に必要な資産を残し、余った利益部分を配分することを「配当」と言います。

　初期の会社組織においては出資者も限られていたため、出資者間での話し合いによって方針を決めることができたはずです。しかし、規模が大きくなってくると、出資者の全員で話し合って細かい経営方針を決めることは難しくなってきます。そこで、「経営のプロ」を雇い、出資者1人1人は経営に関わらなくなりました。これが現在の株式会社の仕組みです。

　いずれにしても、1人で必要資金をすべて用意できない場合に、共同出資で事業を行なうというのが会社の本来の目的なのです。

初期の会社のイメージ

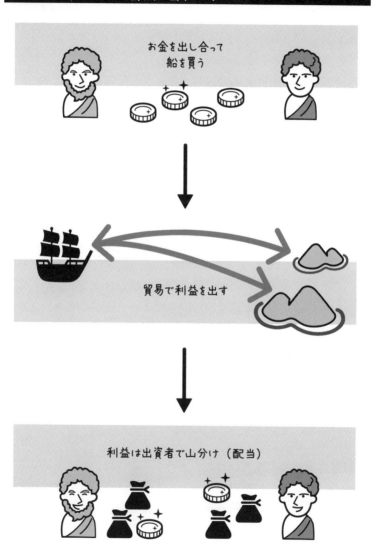

お金を出し合って
船を買う

貿易で利益を出す

利益は出資者で山分け（配当）

●合同会社とはどんな会社か

　最初に、合同会社について説明します。

　合同会社は出資者が共同で経営を行なうため、全員が役員となります。この「出資者＝役員」のことを「社員」と呼びます。普通は「社員」というと従業員のことを指しますが、法律用語としては異なりますので、ご注意ください。

　合同会社は全員が経営者のため、会社運営のルールブックである「定款」も、割と自由に内容を決められるようになっています。配当も出資額と異なる比率で出すことが可能です。役員の任期も特に定めなければ何十年でも続けられます。

　経営の重要事項については社員全員で話し合います。その際は、出資比率にかかわらず過半数の同意によって決議します（定款で変更も可能）。

　現実的には、社員全員が経営に参加するのが難しい場合もあります。その場合は、社員の中から業務執行社員を定め、それ以外の社員は経営から離れることもできます。また、代表権を持つ代表社員を定めることもできます。

　自分の出資金の権利を他人に譲渡する場合は、経営者の立場も譲渡することになるため、すべての社員の同意が必要となります。

　このように、少数の出資者によって運営することを想定しているのが合同会社です。

合同会社の仕組み

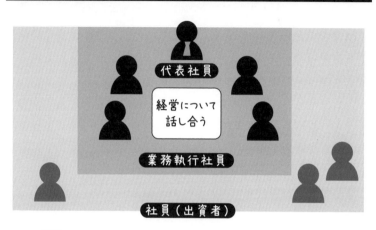

代表社員

経営について
話し合う

業務執行社員

社員（出資者）

- 原則として、出資者の全員が経営に参加する
- 出資をしない人は、経営に参加できない
- 社員を増やす場合は、原則として全社員の同意が必要
- 社員としての権利を、自由に他人に譲渡できない

話し合いによって、自由に経営できる仕組み

ただし

多くの人から出資を集めるのは難しい

●株式会社はどんな会社か

　出資者の数が5人や10人でしたら、合同会社のような仕組みでも支障はないと思いますが、100人、1,000人と増えていったらどうなるでしょうか？

　全員で経営はできませんので、一部の経営者に任せるしかありません。規模も大きくなりますので、出資者以外からでも優秀な人を選んで経営を任せたいということになってきます。

　そこで、出資者は原則として役員を選ぶだけで、特に重要な事項以外は役員に任せるというのが株式会社の仕組みです。この役員は、出資者以外から選ぶこともできますので、「出資者≠役員」となります。

　この出資者を「株主」と呼び、役員を「取締役」と呼びます。

　株主は、通常は経営に関わりませんので、取締役に勝手なことをされては困ります。また、多数の株主がいるため、株主間で不公平があってはいけません。

　そのため、株式会社は会社のルールブックである「定款」の内容について、法律での規制が厳しくなっています。

　また、株主は出資者としての権利を、原則として自由に他人に譲渡することができます。そうすることによって、出資するハードルを下げ、多くの人から資金を集めることができるのです。

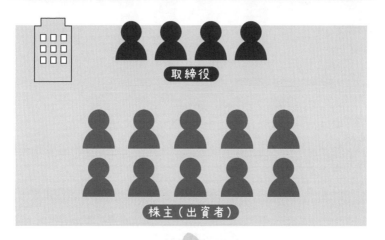

株式会社の仕組み

取締役

株主（出資者）

取締役を選び、一部の重要事項のみ決定する

代表取締役

経営について
話し合う

取締役

出資者が経営に参加しないため、
多くの人から出資を集めやすい

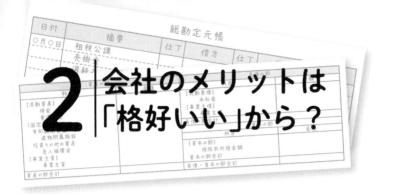

2 | 会社のメリットは「格好いい」から？

😊「では、みんなは何のために会社にするのですか？」

😎「会社のほうが格好いいからです」

😊「本当ですか……？」

😎「信用できそうに見えると言ったほうがいいかもしれません」

😊「実際に、会社のほうが信用されると聞きますね」

😎「それにはいくつか理由があるのですが、以前は株式会社を作るには 1,000 万円も必要でした」

😊「え！　そんなお金、集められませんよ！」

😎「そういう人のために、有限会社という制度もありましたけど、それでも 300 万円必要だったのです」

😊「簡単には作れなかったのですね」

😎「ですから、『会社＝資金力があり信用できる』というイメージになったのです」

😊「今は違うのですか？」

😎「2006（平成 18）年に制度が変わって、1 円でも会社を設立できることになりました」

😊「1 円では設立の手数料も払えないのではないですか？」

😎「それはすべて借金で賄ってもいいのです」

😊「だったら、会社というだけでは信用できないですね」

「制度的に言えば、個人事業を会社にしたからといって、信用できるようにはならないのです。むしろ、会社に貸したお金は社長からは回収できないので、逃げられるリスクもあります」

「だから社長が連帯保証人になるのですよね」

「そうです。だから実質は個人で借金するのと同じです」

「会社のほうが、決算書が正確というのはどうですか？」

「個人事業だと自分で作る人が多いので、決算書が間違っているケースも多いですけど、税理士が作れば、個人事業でも会社でも正確なものを作れますよ」

「それはそうですね」

「会社の決算書は、社長の給料額などで利益を調整できるので、逆に鵜呑みにできない部分もあると思います」

「会社にしても、あまり変わらないのですか……」

「ただ、何となく信用できるって、商売ではとても大切ですよ。求人を出すと、会社のほうがたくさん集まります」

「たしかに。会社にしたら周りの見る目が変わりますよ」

「銀行から借入するときも、一般的には会社のほうが借りやすいと言われています」

「結論としては、会社のほう若干有利ですか？」

「節税以外の観点でいえば、そうですね」

「ところで、中小企業は1人で出資するから、株式会社でも合同会社でも同じだというのはわかりましたけど、あえて言えば、どちらがお勧めですか？」

解説

　会社を設立する本来の趣旨からいえば、ほとんどの個人事業は、会社にする必要はありません。では、なぜ多くの人が会社を設立するのでしょうか？

　まず、「会社のほうが節税になる」と勘違いしているからだと思います。これについては、単に会社にして、会社から給料をもらうだけでは節税にならないことをこれまで説明してきました。しかし、本書に書かれていることを実践していただければ、節税のメリットを出すことができます。

　もう1つは、「信用力が高くなる」と思っているからです。法律上の仕組みを考えると、会社にしたからといって信用できるようになるわけではありません。しかし、現実的に会社のほうがイメージがよく、信用されるようになりますので、メリットと言えると思います。

　信用される理由として、2006年までは最低資本金制度というものがあり、自己資金で1,000万円なければ株式会社を設立できませんでした（有限会社は300万円）。
　現在では自己資金が1円でも会社を作れますので、資金力がある根拠にはならず、信用できるとは言えないのです。

最低資本金制度

2006 年以前は、
設立するのに最低 1,000 万円必要だった。
（現在は 1 円でも設立可能）

2006 年以前でも、
300 万円で設立することができた。
（2006 年に有限会社は廃止）

●会社のほうが信用できるのか？

　個人事業と会社を比較して、どちらのほうが信用できるかというと、制度的には個人事業のほうが信用できると思います。

　もし、個人に事業資金を貸して、返済ができなくなった場合、その人の自宅や財産を処分してでも返済しなければなりません。裁判を起こして差し押さえることもできます。

　しかし、株式会社・合同会社に資金を貸して返済できなくなった場合は、役員も株主も、一切それを返済する義務がありません。逃げ得が可能なのです。これを「有限責任」と言います。

　逆に言えば、会社で借りたお金を社長が返さなくていいというのが会社のメリットとも言えますが、金融機関が小規模な会社に融資するときには、ほとんどの場合、社長を連帯保証人にします。ですので、実質的には個人事業とあまり変わりません。

　なお、合名会社、合資会社という会社もあります。基本的な仕組みは合同会社と同じです。しかし、合名会社は全社員が会社の負債の返済義務を負っており、合資会社は一部の社員が会社の負債の返済義務を負っているという点が異なります。つまり連帯保証人になっているのと同じです。これを「無限責任」と言います。

　合名会社、合資会社は昔から資本金の制限がないので、2006年までは自己資金がなくても設立できるメリットがありましたが、現在ではメリットがないのでほとんど設立されません。自己資金がない分の信用力を無限責任でカバーしていたのですね。

事業に失敗！　借金は誰が返す？

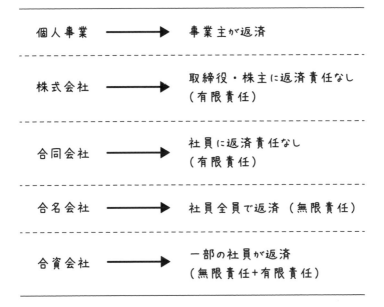

個人事業	➡	事業主が返済
株式会社	➡	取締役・株主に返済責任なし（有限責任）
合同会社	➡	社員に返済責任なし（有限責任）
合名会社	➡	社員全員で返済（無限責任）
合資会社	➡	一部の社員が返済（無限責任＋有限責任）

※中小企業が融資を受ける場合は、社長を連帯保証人にするケースが
ほとんどなので、実質的には無限責任と変わらない。

●会社の決算書のほうが正確？

　会社を設立するメリットとして、決算書や会計帳簿が正確になるという点もよく挙げられます。

　そもそも個人事業の場合は、貸借対照表を作成する義務がありません。貸借対照表がなければ、財務状態を把握できませんので、事業が順調かどうかも判断しにくくなります。

　また、個人事業の場合は税理士に依頼せず、自分で決算書を作成しているケースも多いため、数字の誤りが多いのも事実です。そのため、会社の決算書のほうが正確だと言えないこともありません。

　しかし、税理士が顧問に入っている事業者であれば、個人事業でも会社と同様に正確な決算書を作ることができます。個人事業は公私混同しやすいと言われますが、会社でも公私混同している社長はいますので、大きな違いではありません。

　むしろ会社のほうが、役員報酬や保険などによって利益を調整しやすく、事業の実態を反映していない決算書ができる可能性があると思います。

　とはいえ、「会社の決算書」があるだけで信用されやすいのも事実ですので、社長の立場であれば、信用力を利用して融資を引き出すなどのメリットがあると言えるでしょう。

会社と個人事業の決算書の違い

個人事業

損益計算書 P/L	貸借対照表 B/S （任意）

貸借対照表がない場合、財務状態がわからない

事業主の給料や生命保険などが経費にならないため、利益を調整しにくい

会社

損益計算書 P/L	貸借対照表 B/S

必ず作らなければならない

利益を調整する方法が多いため、利益が実態と合わない場合もある

※税理士に依頼する場合は、個人事業でも必ず貸借対照表を作成し、正確な決算書を作ることができる。

125

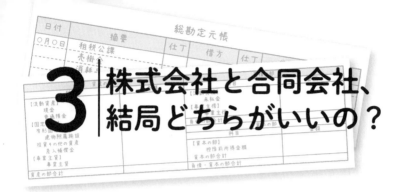

3 | 株式会社と合同会社、結局どちらがいいの？

😎「基本的には、私は合同会社より株式会社をお勧めしています」

🙂「どうしてですか？」

😎「株式会社のほうが格好いいからです」

🙂「またまた……」

😎「いえいえ、会社の一番のメリットは、私は信用力だと思っていて、株式会社のほうが信用されやすいですよね」

🙂「たしかに、合同会社だと何それ……って言われますね」

😎「はい。株式会社は誰でも知っていますし、昔は1,000万円ないと設立できなかったので、信用力抜群です」

🙂「でも、今は資本金は関係ないのですよね？」

😎「根拠がなくても、相手が勝手に信用してくれるのはメリットです」

🙂「他に理由はありますか？」

😎「はい。合同会社を社長1人でやっていると、死んだときに会社が自動的に消滅してしまいます」

🙂「新しく社長を選べばいいのではないですか？」

😎「特段の規定がなければ、その前に会社が消滅するので社長を選べません」

「そうなんですか。では、特段の規定を作ればいいのではないですか？」

「相続人が引き継ぐ規定にすればいいのですけど、今度は相続人全員を社員（役員）にすることになったりして、いろいろと面倒なのです」

「なるほど。では、株式会社一択ですね？」

「いえ、合同会社にもメリットはあります。まず、設立費用が株式会社より14万円も安いのです」

「そんなに違うのですか！　私の場合はマイクロ法人なので、信用力より安いほうがいいですよね？」

「社会保険料の節減のための会社なら、安さで選んでもいいかもしれません」

「他にも、合同会社のメリットはありますか？」

「株式会社は純資産が300万円以上ないと配当を出せませんけど、合同会社は純資産が1円でも配当を出せます」

「どういうことですか？」

「もし資本金100万円の株式会社を設立すると、利益を200万円以上出さないと純資産は300万円以上になりません。ですので、利益が少ないと配当はゼロになります」

「合同会社だったら出せるのですね？」

「そうです。出資金100万円の合同会社で利益が50万円出れば、その50万円を配当に回すことができます」

「なるほど。では、合同会社でいいですかね？」

「見栄えを気にしないのであれば、合同会社でもいいと思いますよ」

解説

　私は「株式会社と合同会社のどちらがいいか」と尋ねられたときには、基本的には株式会社がいいと答えています。

　会社は、何となく信用されることが大きなメリットですが、特に株式会社は信用されます。名刺を交換するような仕事をしているのであれば、小さい会社だとしても株式会社にすべきでしょう。

　ただし、社会保険料を削減するために設立したマイクロ法人であれば、対外的な取引も少ないでしょうし、融資を受けることもないと思います。ですので、合同会社でも支障はありません。

　合同会社で注意すべきなのは、次の点です。

　社長1人が社員（出資者）の場合、社長が死んだときに会社が解散になってしまいます。あらかじめ、家族なども社員にしておけばいいのですが、するとその人に役員としての権限を与えることになってしまいます。

　定款に規定することで、相続人に社員の地位を引き継がせることもできますが、相続人全員が社員となってしまうため、全員を役員登記することになります。これを防ぐためには、さらに遺言を作成する必要があります（遺言で1人を社員に指定すれば、その人だけが社員の地位を引き継ぐ）。少し面倒ですね。

　マイクロ法人は、大抵の場合、自分の代で終わらせることが前提だと思います。そうであれば、問題ありません。

社長1人の合同会社で、社長が亡くなったら？

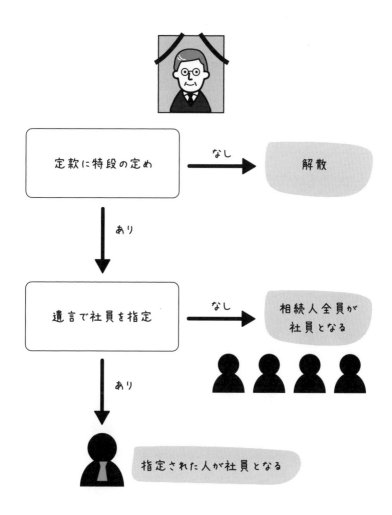

●配当を出すには、合同会社のほうが有利になる

　合同会社でも株式会社と同様、出資者（社員）に配当を出すことができます。配当については、合同会社のほうが自由に出せるようになっており、出資金額だけではなく、会社への貢献度も加味して配当の割合を決めることもできます。ただし、実際には客観的に貢献度を計ることは難しく、親族の社員に多く配当すると、贈与税の指摘を受ける可能性もあるため注意が必要です。

　また、株式会社では配当後の純資産が300万円を下回るような配当は出せません。さらに、配当額の10％を利益準備金として積み立てなければならないという制限もあります（資本準備金＋利益準備金が資本金の4分の1以上になれば不要）。

　例えば、資本金100万円の株式会社を設立した場合だと、少なくとも税引後利益が200万円以上ないと、純資産は300万円以上になりません。配当を早く出すには、最初から資本金を300万円以上にするか、合同会社として設立するか、いずれかの必要があります。
　ですので、1章で紹介した方法を採用する上で、開業資金が少ない場合は合同会社のほうがいいかもしれません。

　最後に、個人事業・株式会社・合同会社の比較を表にして右に掲載します。参考にしてどちらにするかを決めてください。

個人事業・株式会社・合同会社の比較

	個人事業	合同会社	株式会社
出資者	事業主のみ	少数を想定	多数を想定
信用力	低い	やや高い	高い
決算書	不十分な場合がある	通常は正確	通常は正確
経営者の任期	無期限	原則無期限	最長 10 年
利益の分配	事業主のみ	社員で自由に分配	株主に原則平等に分配
役員と出資者	（役員なし）	同一	異なる
配当の制限	（配当なし）	なし	あり
倒産時の借入	事業主が返済	連帯保証すれば返済	連帯保証すれば返済
設立費用	無料	実費 6 万円	実費約 20 万円
相続	名義変更に手間が掛かる	準備が必要	簡単

4章のポイント

・会社は、もともと共同出資で事業を行なうために設立された

・合同会社は、出資者が少人数であることを想定している

・株式会社は、出資者が多人数であることを想定している

・以前は 1,000 万円ないと株式会社を設立できなかった

・株式会社や合同会社が倒産しても、役員や出資者に原則として負債の返済義務はない（連帯保証している場合を除く）

・決算書は個人事業より会社のほうが正確だと言われているが、税理士が作成していれば、正確性に大きな違いはない

・対外的な信用力は、合同会社より株式会社のほうが高い

・社長 1 人の合同会社は、社長が死ぬと原則解散となる

・合同会社は、株式会社より配当に関する制限が少ない

5章

投資をするなら個人? 会社?

株式・不動産投資の
手取りを
最大化する方法

飲食店経営
Aさん

税理士

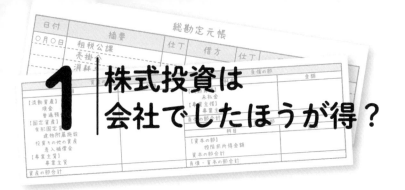

1 | 株式投資は会社でしたほうが得?

Aさん「ご無沙汰しています。今日はご相談があってきました」

税理士「お元気そうですね。個人事業もマイクロ法人も順調ですか?」

「はい。お陰さまで。ところで先生、実は宝くじに当たったんですよ。3,000万円も」

「ええ! 3,000万円ですか!?」

「そうなんです! それで、このお金は老後のために投資に回そうかと思いまして」

「それはいいと思いますけど、何に投資するのですか?」

「株式とか不動産とかを考えています」

「3,000万円もあったら、いろいろ投資できますね」

「はい。そこでご相談なのですけど、せっかく会社も持っていますし、会社で投資したほうがいいのでしょうか?」

「なるほど。個人名義で投資するか、会社名義で投資するか、どちらが得かというご相談ですね?」

「そういうことです」

「では、まず株式投資から考えてみましょう」

「株式投資は、実はNISAの枠ですでにやっています」

「わかりました。では、通常の株式投資で考えます」

👤「はい」

👨‍🦱「配当の収入が例えば年間 100 万円だとすると、税金はいくらかご存じですか？」

👤「たしか、税金は 20.315％ですので、20 万 3,150 円ではないですか？」

👨‍🦱「はい。分離課税だとそうなります。ただ、総合課税という計算方法もありますので、そちらも計算してみましょう」

👤「別の計算方法もあるのですか」

👨‍🦱「はい。A さんの場合だと課税所得が 765 万円ですので、配当の税率は 20.473％になります」

👤「少しだけ高いですね」

👨‍🦱「ですので、分離課税を選択したほうが有利です」

👤「どうすれば分離課税になるのですか？」

👨‍🦱「特定口座でしたら、確定申告しなければ分離課税になりますよ」

👤「そうなんですね。わざわざ確定申告する人もいるのですか？」

👨‍🦱「課税所得が 695 万円以下だと、総合課税のほうが税金が安くなりますので、確定申告する人もいます」

👤「なるほど」

👨‍🦱「ただし確定申告をすると、国民健康保険の保険料や、子供の保育園の保育料が高くなる場合もあります」

👤「どちらが得か、計算しないとわからないのですね」

👨‍🦱「はい。そういうことです」

解説

　株式投資などを行なうとき、個人名義で行なうべきか、会社名義で行なうべきかということをよく聞かれます。投資をするために、わざわざ会社を設立する人もいるほどです。この章では、投資の手取りを増やすにはどちらが有利かを考えていきます。

　なお、会社で投資する場合は、自分のお金を会社に出資または貸し付けた上で投資に回す、という前提で説明します。

　まず、株式投資についてですが、NISAという制度があり、この制度を使うと配当や売却益が非課税になります。NISAについて解説した書籍は多数ありますので、本書では説明を割愛させていただきますが、まずはNISAを活用することをお勧めします。

　その上で、NISAの枠を超えてしまう通常の株式投資について説明します。

　まず、配当についてです。トヨタやソニーといった上場会社の株式の配当は、2通りの課税方法があります。

　1つは**総合課税**といって、中小企業の株式の配当と同じ税金の計算方法です。これは、1章で説明した配当の計算方法と同じです。

　もう1つは**分離課税**といって、一律の税率で計算します。特定口座という口座を作って株式投資をしている方は、原則として分離課税となります（確定申告をすることで、総合課税に切り替えることもできます）。

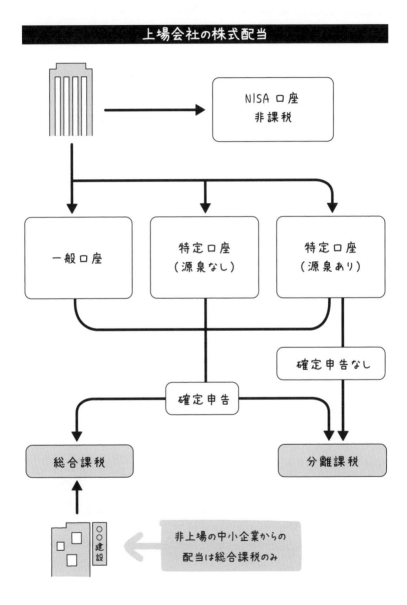

上場会社の株式配当

- NISA 口座
  非課税
- 一般口座
- 特定口座（源泉なし）
- 特定口座（源泉あり）
- 確定申告なし
- 確定申告
- 総合課税
- 分離課税

非上場の中小企業からの配当は総合課税のみ

●株式配当の税率は 20.315％って本当？

さて、上場株式を持っている方も多いと思いますが、配当に対する税率は何％かご存じですか？

20.315％と思われた方、残念ながらそれだけでは不正解です。先ほど説明したとおり、配当には総合課税と分離課税があります。分離課税は一律 20.315％ですが、**総合課税の場合は所得によって税率が異なります。**

自分の会社から配当をもらうときは総合課税のみですので、迷うことはありませんが、上場会社の配当はどちらの税率が低いか考えなければなりません。

右の図のように、課税所得が 695 万円以下だと総合課税が有利です。課税所得 695 万円は、サラリーマンだと年収 1,071 万円に相当します。ですから、**多くの人にとって、配当は総合課税のほうが税金は安くなります。**

分離課税が「節税になる」と言えるのは、**課税所得が 900 万円を超えてから**です。では、節税以外に分離課税のメリットは何でしょうか。

あくまで特定口座のみですが、分離課税だと確定申告を省略できるので、手間を省けます。また、確定申告を省略すると、保育園の保育料や児童手当、国民健康保険料などの算定に、配当収入がカウントされません。これがメリットとなります。

上場株式の配当の税率

| 総合課税 | 分離課税 |

（万円）

		（万円）
	44.335% （最大 49.44%）	
1800		
	37.188%	
1000		20.315%
900	30.683%	
695	20.473%	
	17.41%	
330		
195	7.2%	
0	2.095〜7.2%	0

税率（所得税・住民税）

課税所得（他の所得や
控除を通算した結果）

※総合課税は所得 1,000 万円から税率が上がりますが、この 1,000 万円のラインだけは
退職所得や譲渡所得なども合算して計算するため、上記の図と異なる場合があります。

2 | 会社で配当をもらったら？

「会社で株式投資をしたら、どうなるのですか？」

「会社で上場株式を購入して配当を受け取ると、会社の利益になるので法人税が掛かります」

「では、事業で儲かったのと同じですか？」

「いえ、違います。配当の利益に対する法人税は、通常の法人税より2割安くなりますよ」

「本当ですか！　だったら、会社で買ったほうが得ではないですか？」

「Aさんの会社だと税率は21％くらいですので、その8割だと17％くらいしか課税されませんが……」

「何か問題でもあるのですか？」

「17％の税金を払った残りを、Aさんが自社からの配当としてもらうときに、また20％以上の税金が掛かります」

「それだったら、個人で買ったほうが税金は安いですね」

「はい。そういうことになります」

「会社で受け取った配当を、そのまま給料でもらってもダメですか？」

「それだと法人税は掛かりませんけど、給料の社会保険料だけで30％を超えますよ」

「でしたら、株は個人で買ったほうがよさそうですね。ところで、株を売買したときの税金も同じですか？」

「まず、個人の場合、株の売却益に対する税率は20.315％です」

「それは特定口座の場合だけですか？」

「いえ。株の売却益はどんな場合でも分離課税で20.315％の税率となります」

「うちの会社の株式を売ってもですか？」

「はい。Aさんの自社株をM&Aで他人に売れば、利益に20.315％の税金が掛かります」

「そうなんですね。では、会社で持っている上場株式を売ると、税金はどうなるのですか？」

「普通に法人税が掛かります」

「つまり、20.315％を超えますね」

「はい。法人税は最低でも21％くらい掛かります。それだけでなく、会社のお金を自分がもらうときに、もう1回税金が掛かります」

「配当のときと同じですね」

「配当だと法人税が少し安くなりますけど、売却益はそれもありませんね」

「何か会社で株式投資するメリットはないのでしょうか？」

「株を売って損失が出たときに、事業の利益と相殺することができるので、税金が少し安くなりますよ」

「あまり嬉しくないですね……」

解説

　会社で上場株式を所有している場合、会社に配当や株式の売却
益が入ってきます。配当に関しては、若干、法人税が安くなる仕
組みになっていますが、考え方としては通常の売上が入るのと大
きく変わりません。

　会社に入った配当や売却益を、さらに自社からの配当としても
らうべきか、給料としてもらうべきかは、社会保険料なども考慮
して判断することになります。

　もし会社への配当収入を給料として自分に払ってしまえば、利
益はありませんので、法人税はゼロになりますね。その代わり給
料に対して約30％の社会保険料が掛かる上、所得税や住民税も
掛かります。ですので、右図の②よりも①のほうが有利なケース
が多いと思います。

　しかし、そもそも個人で上場株式を所有していれば、③になり
ますので、①と比べると法人税16〜27％の分だけ税金が安くな
りますよね。しかも③の場合、税率によっては分離課税でさらに
税金を安くできます。
　②と③を比べても、給料に掛かる税金や社会保険料の合計が、
③の20.315％を下回ることはほとんどありませんので、やはり③
のほうが有利となります。
　ですので、**配当に関しては個人所有が明らかに有利**です。

会社で上場株式の配当を受け取る場合

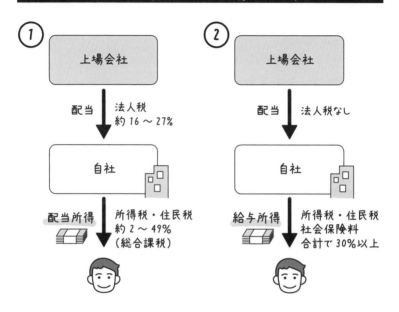

① 上場会社

配当　法人税
約 16 ～ 27%

自社

配当所得　所得税・住民税
約 2 ～ 49%
（総合課税）

② 上場会社

配当　法人税なし

自社

給与所得　所得税・住民税
社会保険料
合計で 30% 以上

個人で上場株式の配当を受け取る場合

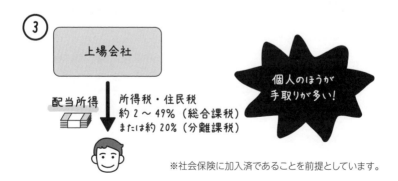

③ 上場会社

配当所得　所得税・住民税
約 2 ～ 49%（総合課税）
または約 20%（分離課税）

個人のほうが
手取りが多い！

※社会保険に加入済であることを前提としています。

●上場株式を譲渡した場合の税金は？

　会社で上場株式を売却した場合については、普通に商品を仕入れて売却した場合と同じように法人税が掛かります。つまり、自社の商品が高く売れて利益が出たのと同じです。

　この利益を、自社からの配当としてもらった場合、法人税を21%以上払った上で、さらに配当所得に対して所得税・住民税が掛かります（①のケース）。
　個人で株式を売却した場合の税率は20.315%ですので、個人所有のほうが有利ですね（③のケース）。

　売却益を給料でもらった場合は、会社の利益はありませんので法人税はゼロですが、給料に社会保険料や税金が掛かります（②のケース）。これも 20.315%を下回ることはほとんどありませんので、個人所有が有利です。

　あえて会社所有のメリットを言えば、株式の売却損が出たときに会社の利益と相殺し、税金を安くできることです。
　個人所有の上場株式で売却損が出ても、事業所得や給与所得などと相殺することはできません。他の上場株式の売却益や配当収入とだけは相殺が可能です。
　トータルで見ると、会社所有はあまりお勧めできませんね。

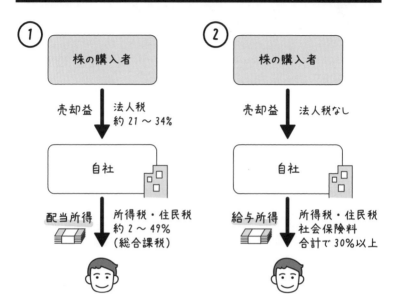

会社で上場株式の売却益があった場合

① 株の購入者

売却益｜法人税 約21〜34%

自社

配当所得｜所得税・住民税 約2〜49%（総合課税）

② 株の購入者

売却益｜法人税なし

自社

給与所得｜所得税・住民税 社会保険料 合計で30%以上

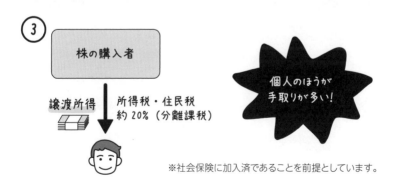

個人で上場株式の売却益があった場合

③ 株の購入者

譲渡所得｜所得税・住民税 約20%（分離課税）

個人のほうが手取りが多い！

※社会保険に加入済であることを前提としています。

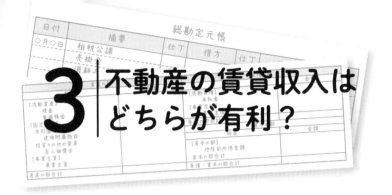

3 | 不動産の賃貸収入は どちらが有利？

🙂「ところで、友人から土地を買ってほしいという話もあって、かなり値上がりしそうな場所なんですよ」

🤓「そちらに投資してもよさそうですね」

🙂「売り急いでいるので、5,000万円でいいと言っているのですけど、たぶん数年したら1億円で売れます」

🤓「あと2,000万円くらいなら借りられるでしょうから、何とか買えそうですね」

🙂「買うなら、個人と会社とどちらがいいですか？」

🤓「不動産を賃貸した利益と、売却した利益とで、税金の考え方が違います。まず、地代や家賃などの賃貸収入は、普通の事業の収入と税務的には同じです」

🙂「会社でも個人でもですか？」

🤓「会社の場合は、他の事業と合算されます。個人だと不動産所得として区別しますけど、事業所得と合算されます」

🙂「つまり、単に売上が増えただけということですね？」

🤓「そうです。Aさんの場合、マイクロ法人は最小限の利益でいいですから、個人で買ったほうがいいですね」

🙂「会社で買ったほうがいいケースもあるのですか？」

🤓「自己資金がなく、全額借金で土地を購入するのであれば、

　　資金繰りの都合で、会社で買うほうがいいかもしれません」

「どういう意味ですか？」

「例えば、Aさんが5,000万円を無利息で20年借りたとすると、毎年の返済額は250万円ですね」

「そうですね」

「もし地代利益が年間330万円だとすると、Aさんの場合、それに対して所得税・住民税が130万円も掛かります」

「手取りは200万円ですか？　返済できないですね」

「生活費を50万円削って、返済に回すことになります」

「それは困りますよ。では会社だとどうなりますか？」

「会社が借金して土地を買えば、法人税は年間78万円ですので、手取りは252万円になります」

「ぎりぎり返済できますね。会社のほうが得なのですか？」

「いえ。もし20年後にこの土地を5,000万円で売ったとすると、個人であれば税金は掛かりません。生活費から20年で1,000万円入れているので、手取りは4,000万円です」

「すごい儲けですね！」

「会社だと、その5,000万円を自分の通帳に移すときに、配当5,000万円に対する所得税・住民税が掛かります」

「いくらくらい掛かるのですか？」

「Aさんの場合だと所得税・住民税で2,234万円になりますね。手取りは2,766万円になります」

「税金が高いですね！　トータルでは個人が得ですか」

「そうです。資金繰りを取るか、儲けを取るか、どちらかなのです」

　不動産を購入した場合、家賃や地代などの不動産収入と、将来売却したときの利益がありますので、分けて説明したいと思います。

　不動産収入についても、他の事業の収入と特に違いはありません。会社であれば、売上または雑収入として計算しますが、合算した利益に法人税が掛かります。個人事業の場合は、不動産所得として、事業所得とは別に利益を計算しますが、税金を計算するときは合算して所得税が掛かります。

　1章、2章で説明したとおり、会社からの給料は社会保険料が高く不利になりますので、多くのケースにおいて個人名義のほうが有利になります。

　ただし、本業と不動産の利益の合計が4,000万円を超える場合は、社会保険料に上限があるため、給料のほうが有利になります。実際の状況に応じて判断する必要がありますね。

　なお、個人事業主で、「マイクロ法人を作りたいけど、適切な事業が見当たらない」という方の場合は、不動産賃貸業を会社で始めることによってマイクロ法人を作ることができます。これは会社で不動産を購入したほうが節税になる例外的なケースです。

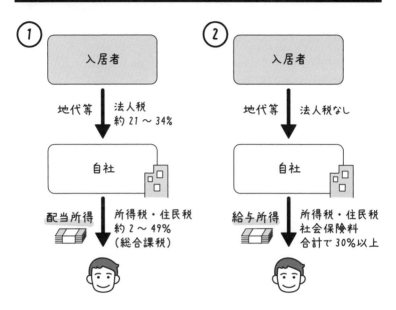

会社で不動産収入があった場合

①

入居者

地代等　法人税
約 21 ～ 34%

自社

配当所得　所得税・住民税
約 2 ～ 49%
（総合課税）

②

入居者

地代等　法人税なし

自社

給与所得　所得税・住民税
社会保険料
合計で 30%以上

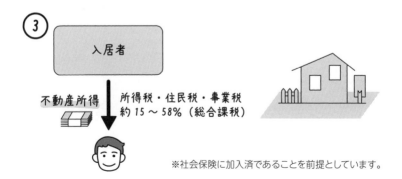

個人で不動産収入があった場合

③

入居者

不動産所得　所得税・住民税・事業税
約 15 ～ 58%（総合課税）

※社会保険に加入済であることを前提としています。

●会社で不動産を買うと、資金繰りがよくなる？

　ここまで読まれると、会社名義で不動産を買うのはメリットがないように思われるかもしれません。しかし実際には、わざわざ会社を設立して不動産投資をする人が少なくないのです。では、何のために会社で不動産を買うのでしょうか？

　会社の税金の特徴は、利益が出た年に法人税を支払い、配当をもらうときに所得税・住民税を払うという2段構えになっていることです。そのため、配当を出すのを先送りにすれば、目先の税金を減らすことができます。

　Aさんの事例ですと、個人で不動産を所有していれば20年間で2,600万円掛かる税金が、会社だと1,560万円しか掛かりません。約1,000万円も資金繰りがよくなるのです。

　売却まで計算すると、結果的にトータルの納税額は1,200万円ほど増えますが、1,200万円の利息を払って、国から1,000万円を借りたと思えばいいでしょう。

　この1,000万円を友人が貸してくれるのであれば、個人所有でもいいと思います。しかし、貸してくれる人がいない場合、不動産の購入を諦めるか、国に1,200万円の利息を払って6,600万円の収入（330万円×20年）を得るか、どちらがいいでしょうか？不動産投資をする人には、後者を選ぶ人が多いのだと思います。

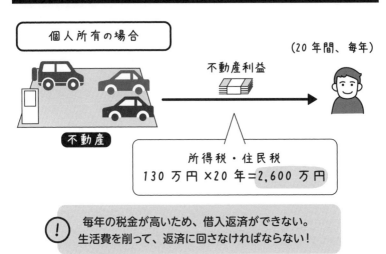

Aさんのケースにおける、納税のタイミング

個人所有の場合

（20 年間、毎年）

不動産利益

不動産

所得税・住民税
130 万円 ×20 年＝2,600 万円

⚠ 毎年の税金が高いため、借入返済ができない。
生活費を削って、返済に回さなければならない！

会社所有の場合

（20 年後に 1 回）

不動産利益　会社　売却後、配当

不動産

法人税
78 万円 ×20 年＝1,560 万円

所得税・住民税
2,234 万円

⚠ 毎年の税金が安いため、収入の中で借入返済できる。
生活費に影響が出ないため、物件を増やしやすい！

●退職金でもらえばすべて解決？

　会社に利益を内部留保して、最後に配当でもらう（会社を清算しても配当扱い）と税金が高くなることは前に説明しましたが、3章で紹介したように退職金でもらったらどうなるでしょうか？

　Aさんのケースで計算してみると、退職金に対する所得税・住民税は691万円となり、トータルの納税でも有利になります。

　このケースで退職金が有利になっているのは、Aさんの課税所得を765万円（サラリーマンだと年収1,148万円以上）と高めに設定していることと、不動産所得に65万円の青色申告特別控除を使用していないことが要因だと思います。通常の収入のサラリーマンが、アパートを1棟持っているような状況ですと、退職金のほうが不利になるケースも多いのでご注意ください。

　さて、Aさんのような状況であれば、退職金一択と考えていいのでしょうか。実は、税務署に問い合わせたところ、**退職所得として認められず、配当所得として課税される可能性もある**と言われました。裁判例が見つからなかったので何とも言えませんが、不動産収入は投資利益、つまり株主に帰属する意味合いが強いので、退職金による節税を無条件でお勧めすることはできないと考えています（3章の事例でも同様のリスクはあります）。

　M&Aで他人に会社ごと売却するという方法もありますが、これも問題点がありますので、160〜169ページを参照ください。

会社所有・退職金の場合

(20 年後)

| 不動産利益 | 退職金 |

法人税
78 万円 ×20 年=1,560 万円

所得税・住民税
691 万円

退職所得の要件

(1)　退職すなわち勤務関係の終了という事実によってはじめて
　　給付されること

(2)　従来の継続的な勤務に対する報償ないしその間の労務の
　　対価の一部の後払いの性質を有すること

(3)　一時金として支払われること

不動産利益は
継続的な勤務や労務の
対価と言えるかな…?

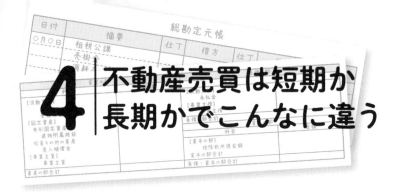

4 | 不動産売買は短期か長期かでこんなに違う

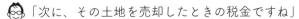

👓「次に、その土地を売却したときの税金ですね」

🙂「はい。うまくいけば 5,000 万円も利益が出ます」

👓「まず、個人で売買した場合は、短期譲渡と長期譲渡で税率が違います」

🙂「短期譲渡、長期譲渡って何ですか？」

👓「例えば 2023 年に購入した土地や建物を売却する場合、売却するのが 2023 に 5 を足した 2028 年までだと短期譲渡、その翌年以降に売却すると長期譲渡になります」

🙂「日付は関係ないのですね」

👓「はい。5,000 万円の利益だとすると、短期譲渡だと税率 39.63％なので 1,982 万円、長期譲渡だと 20.315％なので 1,016 万円の税金が掛かります」

🙂「そんなに違うのですか！　会社だとどうなりますか？」

👓「普通に事業で利益が出たのと同じ扱いです」

🙂「5,000 万円だと結構な税金になりますね？」

👓「今年の個人の手取りが一番多くなるように調整しても、税金や社会保険料が 2,600 万円も掛かりますね」

🙂「半分以上も持っていかれるのですか？」

👓「A さんは元々の所得が高いですから、税率が高いです。社

会保険料もかなり増えますよ」

😊「なるほど。金額によっては、会社で買ったほうがいい場合もあるのですか？」

😀「そうですね。例えば、社長の給料が 300 万円、税引後利益がゼロという会社があったとします」

😊「あまり儲かっていませんね」

😀「この会社が土地の売買をして、500 万円の利益が出たとします。利益から法人税を払って、配当を出すと、社長の手取りを 350 万円増やすことができます」

😊「つまり、税金の合計は 150 万円ですか？」

😀「はい。もし個人で売買して、短期譲渡だとすれば、税金は 198 万円になります」

😊「短期譲渡だったら会社のほうが得ですね」

😀「そうです。逆に長期譲渡だと税金は 102 万円ですから、会社だと損します」

😊「長期譲渡でも会社で売買したほうが有利なことってありますか？」

😀「ほとんどないと思いますよ。事業で大きな赤字が出ていて、法人税を払わないようなケースなら、会社のほうが有利かもしれません」

😊「そうなんですね。ところで、会社で不動産を購入して、その不動産を会社ごと売ってしまうという方法もあると噂で聞いたのですけど」

😀「たしかに、そういう方法もありますよ」

不動産を売却したときの利益についても、個人と会社では計算方法が異なります。

　まず、個人名義で購入した土地や建物を売却した場合ですが、短期譲渡（短期譲渡所得）と長期譲渡（長期譲渡所得）に分かれます。

　短期譲渡とは、不動産を売却した年の1月1日において、所有期間が5年以下のものを指します。といっても、どういう意味だかわかりにくいですよね。

　右の図のように、売却した年度から購入した年度を引いた数字が5年以下だったら短期譲渡と覚えてください。日付は関係ありません。

　同様に、売却した年度から購入した年度を引いた数字が5年を超える場合は長期譲渡となります。なお、相続や贈与で取得した不動産を売却した場合は、元の所有者（親など）が購入した年に自分が購入したと仮定して判断します。

　この年数が5年以下か5年超かで、税率は2倍近くも変わります。購入した年から5年目の12月に売却するのであれば、1ヶ月待って、6年目に売却したほうが得ということになります。

個人で不動産を売却したときの税率

短期譲渡所得 (税率 **39.63%**)

| 2022年 | 2023年 | 2024年 | 2025年 | 2026年 | 2027年 | 2028年 | 2029年 |

2023 年 1 月に購入、 2028 年 12 月に売却
→　2028 年　−　2023 年　=　5 年 …… 5 年以下だと短期譲渡

長期譲渡所得 (税率 **20.315%**)

| 2022年 | 2023年 | 2024年 | 2025年 | 2026年 | 2027年 | 2028年 | 2029年 |

2023 年 12 月に購入、 2029 年 1 月に売却
→　2029 年　−　2023 年　=　6 年 …… 5 年超だと長期譲渡

短期と長期では
税率が 2 倍!

●会社で不動産を購入した場合は2通り！

　会社で不動産を購入した場合、その不動産を売却する方法と、M&Aで会社ごと売却する方法と、2通りの売り方があります。
　まず、普通に不動産を売却するケースを説明します。

　会社で不動産を売却して利益があると、他の事業利益と合算して計算することになります。ですので、単に売上が増えたのと同じです。その利益を、給料または配当で自分に移しますが、利益によって税率が変わります。

　例えば、社長の役員報酬が年間300万円、会社の税引後利益がゼロの会社で、3年間所有した不動産の売却益が500万円出たとします。その売却益を配当でもらうときの税金を計算すると、合計で150万円ですので、税率でいえば30％になります。
　もし、個人で売却すれば短期譲渡で39.63％の税金を払うことになりますので、会社で売買したほうが有利ですね。

　ただし、会社で売却したときの税率が20.315％を下回るケースはほとんどありません。ですので、6年以上所有する見込みであれば、個人で購入したほうが売却時の税金は安くなると思います。

　また、株式の売却と同様に、会社であれば不動産の売却損が出たときには、他の事業の利益と相殺して、税金を安くできるというメリットもあります。

会社で不動産の売却益があった場合

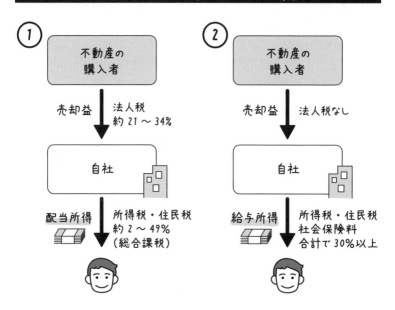

① 不動産の購入者

売却益　法人税 約 21 〜 34%

↓

自社

配当所得　所得税・住民税 約 2 〜 49%（総合課税）

② 不動産の購入者

売却益　法人税なし

↓

自社

給与所得　所得税・住民税 社会保険料 合計で 30% 以上

個人で不動産の売却益があった場合

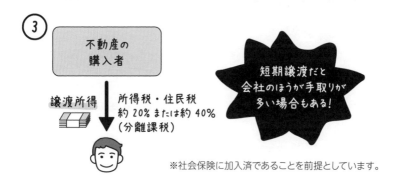

③ 不動産の購入者

譲渡所得　所得税・住民税 約 20% または約 40%（分離課税）

短期譲渡だと 会社のほうが手取りが 多い場合もある！

※社会保険に加入済であることを前提としています。

159

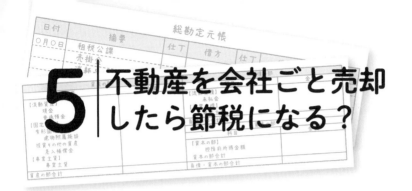

5 | 不動産を会社ごと売却 したら節税になる？

🧑 「例えば5,000万円を出資して会社を設立します。その会社で5,000万円で買った土地が1億円になったときにM＆Aで会社ごと売ると、Aさんに売却益5,000万円の20.315％の税金が掛かります」

🧑 「20.315％だと個人の長期譲渡と税率は同じですね」

🧑 「売主に大きなデメリットはなさそうですよね。ところで、もしAさんがこの会社を買う側の立場だったら、いくらで買いますか？」

🧑 「1億円の土地を持っている会社ですから、1億円で買うのではありませんか？」

🧑 「そう思いますよね。ところが、この会社を買った後に、問題が起きます」

🧑 「何ですか？」

🧑 「Aさんがこの会社を買ったあとに、急に現金が必要になったとします。どうしますか？」

🧑 「その土地を売ります」

🧑 「その土地を1億円で売ると、会社に5,000万円の利益が出ます。この利益に法人税が1,590万円も掛かります」

🧑 「1億円で買って、1億円で売るのですから、利益はゼロで

160

　　　　はないですか？」

🧑‍🦱「会社のオーナーが変わっても、会社としては 5,000 万円で
　　　買った土地を 1 億円で売ったことになるのですよ」

🧑「新しいオーナーは大損ですね」

🧑‍🦱「土地を売った手取りは 8,410 万円ですから、M&A で会社
　　　を売るときの価格は、8,410 万円を基準に考えます」

🧑「では、会社を 8,410 万円で売買すれば、新しいオーナーは
　　　損得なしですか？」

🧑‍🦱「いえ、それでも損をします。1 億円で土地を売ったあと、
　　　法人税を払うと現金が 8,410 万円残りますね。でも、この
　　　お金は会社のお金なので、個人では使えません」

🧑「そうですね」

🧑‍🦱「そこで、会社を清算して、株主としてその現金を受け取り
　　　ます。すると、その際に 3,410 万円の配当を受け取ったと
　　　見なされて、所得税や住民税が掛かります」

🧑「ひどいですね」

🧑‍🦱「会社を売る側の立場でも、売値が 8,410 万円では採算が合
　　　わないですよ」

🧑「手取りはいくらですか？」

🧑‍🦱「会社を売った側の利益は 3,410 万円になります。これに税
　　　金が 20.315％ で 693 万円が掛かります」

🧑「手取りの利益は 3,410 万円 − 693 万円 ＝ 2,717 万円です
　　　から、個人で土地を売買したほうがよさそうですね」

🧑‍🦱「はい。結局、法人税 1,590 万円 ＋ 所得税等 693 万円 ＝
　　　2,283 万円の税金を払ったのと同じです」

解説

　不動産投資家の間で節税になると言われている方法として、不動産を会社ごと売却するという方法があります。会社の売却とは持っている自社株をすべて売却することを指しますが、売却益に対する税金は20.315％となっています。長期譲渡所得の税率と同じですが、なぜ節税になると言われているのでしょうか。

　もし、個人や会社で持つ不動産を売却した場合、購入した人（または会社）に、登録免許税や不動産取得税といった税金が掛かります。これは固定資産税評価額によって変わりますが、時価1億円の土地であれば200万円程度になると思います。

　会社を購入したときも登録免許税は掛かりますが、数万円程度しか掛かりません。これが節税になると言われる理由の1つです。

　一方で、M&Aの仲介手数料は、不動産だけの仲介手数料より高くなります。不動産なら売主・買主ともに3％、M＆Aだと売主・買主ともに5％程度が相場と言われます（規模によります）。

　もし1億円の売買だと、手数料は不動産なら300万円ずつ、M&Aだと500万円ずつということになります（別途消費税）。

　買主としては、登録免許税や不動産取得税が安くなる分、M＆Aの手数料が高くなるので微妙なところですね。

　売主としては、短期譲渡で39.63％の税金を払うとすれば、手数料が高くてもM&Aのほうが節税になるように見えます。

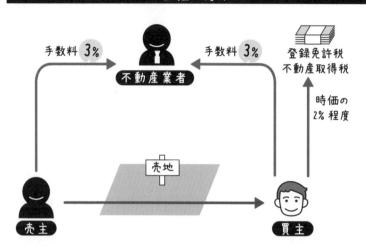

不動産の売却

手数料 **3%**

不動産業者

手数料 **3%**

登録免許税
不動産取得税

時価の
2% 程度

売地

売主

買主

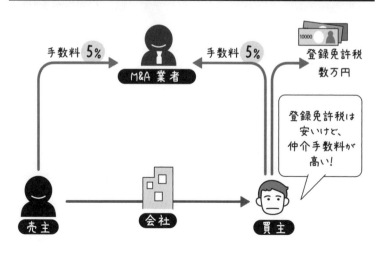

会社の売却

手数料 **5%**

M&A業者

手数料 **5%**

登録免許税
数万円

登録免許税は
安いけど、
仲介手数料が
高い！

売主

会社

買主

●1億円の不動産を持つ会社。本当に1億円で売れる？

　ところで、そもそも1億円の不動産を持っている会社は、他人に1億円で売れるのでしょうか？

　もし、預金1億円・借金ゼロの会社であれば、1億円で買う人もいると思います。会社を清算すれば1億円は自分のものになりますし、その際に法人税は掛かりません。

　ところが、Aさんの会社を1億円で購入し、その後に会社を清算して現金化しようとすると、不動産を売却する際に5,000万円の利益があったとして法人税が発生します。

　新オーナーの立場では、1億円で買った不動産を1億円で売ったように思いますよね。しかし、オーナーが変わっても、会社としては5,000万円で購入した不動産を1億円で売却したので、1,590万円の税金を支払うことになります（他にも利益があれば、もっと高くなります）。

　このような潜在的な税金を「繰延税金負債」と言います。

　つまり、手残りは8,410万円ですので、この不動産を売っても8,410万円しか回収できません。ですので、この会社の売買価格は8,410万円を1つの基準として交渉することになります。

　もちろん、さらに別の人に会社ごと転売すれば、法人税は発生しませんが、最後に誰かが（少なくとも清算するときには）法人税を払うことになります。

繰延税金負債のイメージ

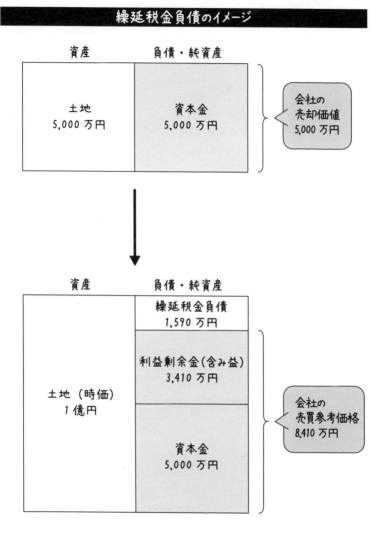

※簿記のわかる方だけ、参考にしてください。通常は不動産を時価評価しないため、繰延税金負債や含み益は記載しません。理解しやすくするために記載しています。

●新オーナーにはさらなる負担

　実は、Aさんが会社ごと転売したとすると、新オーナーには、これまで説明した負担とは別に、さらなる税金が待っています。

　先ほど説明したとおり、Aさんから8,410万円で会社を購入し、不動産を1億円で売却して会社を清算すると、法人税を払った残りの8,410万円が戻ってきます。儲けは1円もありません。

　ところが、清算時の内部留保に当たる3,410万円は配当でもらったと見なされ、株主に所得税・住民税が発生します。これを「みなし配当」といいます。新オーナーは1円も儲けていない、という事情はまったく関係ありません。

　実務上、M&Aの際に将来の「みなし配当」はほとんど考慮されていないようです（売主も買主も気づいていない）。私なら、8,410万円では絶対に買わないと思います。

　これをシミュレーションしたのが、右の表です。会社で売買すると、買主にとっては配当課税の分だけ不利ですし、売主の手取りも最も少なくなります。

　もちろん、将来の法人税も配当課税も知らない人が、この会社を1億円で買ってくれる可能性はあると思います。そうすれば、短期譲渡よりも手取りが多くなるので、得をするケースもあるかもしれません。ただ、騙して売っているような感じがするので、私としてはあまりお勧めできない方法です。

Ａさんの事例の売買シミュレーション

	個人で売買 （短期譲渡）	個人で売買 （長期譲渡）	会社ごと売買
購入金額	1 億円	1 億円	8,410 万円
仲介手数料	330 万円	330 万円	506 万円
登録免許税等	210 万円	210 万円	7 万円
将来の法人税	0 円	0 円	1,590 万円
将来の配当課税	0 円	0 円	1,161 万〜1,686 万円
買主の負担	1億540万円	1億540万円	1億1,674万〜1億2,199万円
売却金額	1 億円	1 億円	8,410 万円
初期投資額	5,000 万円	5,000 万円	5,000 万円
仲介手数料	330 万円	330 万円	506 万円
譲渡所得税	1,851 万円	949 万円	590 万円
売主の手取り	2,819 万円	3,721 万円	2,314 万円

・買主は将来、不動産を 1 億円で売却し会社を清算する前提
・M&A 手数料は「（時価と売買価格の平均）×5％＋消費税」で計算
・登録免許税＋不動産取得税は時価の 2.1％として計算
・配当に対する税額は、それ以外の所得の額によって変動する

●みなし配当は回避できないのか？

146〜153ページの事例でも、この節の事例でも、内部留保のある会社を清算すると、株主には「みなし配当」という税金が発生します。これを回避するために、子会社化してから清算という方法は可能でしょうか？（以下の内容は税理士向けです）

まず、新オーナーが自分の会社（B社）でAさんの会社（A社）を買収して子会社にし、その子会社を清算します。

この節の事例でいえば、8,410万円で会社を買収し、清算すると8,410万円が入金されますが、損得なしでB社には法人税は発生しません。みなし配当を回避できたように見えますよね。

しかし、この際にB社に入金された8,410万円とA社の資本金5,000万円との差額の3,410万円を、B社の資本金等から差し引くというルールになっています。B社が資本金等1億円の会社でしたら、それが1億円−3,410万円＝6,590万円に下がります（理論上は資本金等がマイナスにもなり得ます）。

そして、B社の資本金等の減少分は、B社を清算したときに株主である新オーナーへの「みなし配当」として課税されます。つまり、新オーナーはA社の株式を個人で買っても会社で買っても、最終的には「みなし配当」課税を回避できないのです。

なお、一応、裏技的な回避方法はありますが、これについては9章で説明します。

子会社化してから清算した場合の税務処理（税理士向け）

A 社　資本金 5,000 万円＋利益積立金 3,410 万円の会社

B 社　資本金 1 億円＋利益積立金 0 円の会社

----

① B 社が A 社を子会社化

子会社株式 8,410 万円／現預金 8,410 万円

② 子会社の A 社を清算

現預金 8,410 万円／子会社株式 8,410 万円
株式消滅損 3,410 万円／受取配当金 3,410 万円

（別表 4）

加算　株式消滅損の損金不算入　3,410 万円

減算　受取配当金の益金不算入　3,410 万円

（別表 5-1）

利益積立金額の計算に関する明細書
資本金等の額　＋3,410 万円

資本金等の額の計算に関する明細書
資本金または出資金　1億円
利益積立金額　△3,410 万円
差引合計額　6,590 万円

みなし配当が
0 円 → 3,410 万円
と増加

③ B 社を清算

分配金1億円－資本金等の額 6,590 万円＝3,410 万円
（本来は、分配金1億円－資本金等の額1億円＝0円）

5章のポイント

・個人で受け取った配当には分離課税と総合課税がある

・配当は法人で受け取るより個人で受け取ったほうが有利

・株式の譲渡は、法人より個人のほうが有利な場合が多い

・不動産収入は、法人より個人のほうが有利であるが、マイクロ法人の場合は法人にもメリットがある

・資金繰りについては、個人より法人のほうが有利となるため、借り入れする場合は法人にせざるを得ないケースもある

・個人で不動産を売却した場合は、長期譲渡と短期譲渡で税率が大きく変わる

・不動産を会社ごと売却すると税率は利益の20％程度だが、法人税に当たる金額を値引きした金額が売買の基準となる

・含み益のある会社を購入して清算すると、その含み益に対して配当課税される。これは、含み益のある会社を別会社の子会社にしてから清算しても回避できない

6章

事業規模を拡大するなら法人成り！

資金繰りを改善し、自己資本を増やそう

製造業経営
Cさん

税理士

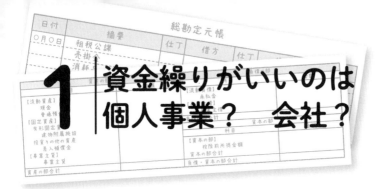

Cさん「はじめまして。今日は法人成りの相談で参りました」

税理士「どのようなご相談でしょうか？」

Cさん「個人で製造業をやっているのですけど、2億円を借り入れて工場を建てることになりました」

税理士「すごいですね。返済はいくらですか？」

Cさん「毎年、元本の返済は1,500万円で、利息支払い後の利益は3,000万円の見込みです」

税理士「減価償却費はいくらの予定ですか？」

Cさん「500万円です」

税理士「資金繰りが大変そうですね」

Cさん「個人だと税率が50％を超えてしまいますので、会社にしようと思うのですが、事前に少し調べてきました」

税理士「どのようなことがわかりましたか？」

Cさん「会社の法人税は基本的には34％、所得税と住民税は、給料が1,143万円なら33％の税率です」

税理士「一応、合っていますね」

Cさん「給料が1,143万円を超えると、税率が44％になって法人税を超えてしまうので、社長の給料は1,143万円にするのがベストではないでしょうか？」

「何がベストかは、何を優先事項にするかで変わりますよ。
資金繰りと長期的な節税、どちらが優先ですか？」

「やっぱり借入の返済も厳しいですし、事業を拡大したいの
で、資金繰りを優先したいです」

「ではまず、個人事業のままで税金や健康保険料などを計算
すると、合計で 1,331 万円になります」

「つまり、手取りは 1,669 万円ですか？　借入を返済したら
手元に全然残らないですね」

「いえ、減価償却費の分のお金も残るので、手取りは 500 万
円を足して、2,169 万円です」

「それでも 1,500 万円を返済したら、669 万円しか残らない
ですよね。生活費を考えたらギリギリです」

「そうですね。次に、会社を設立した場合ですけど、C さん
の計算には社会保険料がまったく抜けていますよ」

「言われてみれば、そうですね」

「法人税と、給料に対する社会保険料や税金を比べたら、ど
ちらが高いと思いますか？」

「給料が少なければ、法人税のほうが高そうですけど」

「でも、給料には社会保険料が 30％以上掛かりますよ」

「社会保険料ってそんなに高いのですか！」

「はい。3,000 万円の利益でシミュレーションをすると、社
長の給料が年間 111 万円のときに、税金や社会保険料の合
計が 908 万円で最も少なくなります」

「年間でたった 111 万円ですか!?」

解説

　5章までは、社会保険料の削減も含めた「節税」について説明してきました。これはあくまで、長期的に見たらトータルで得をするという観点ですので、目先の資金繰りがどうなるかということは、基本的には考慮していません。

　多くの人は「節税」＝「支出が減る」＝「資金繰りがよくなる」と勘違いしています。しかし実際は、**節税をすることで目先の支出が増加し、資金繰りが悪化する**こともあります。

　5章3節でも触れましたが、会社の利益に対する税金は法人税と配当課税の2段階です。長期的に見ればトータルの税金は高くなりますが、目先の支出は少なくて済みます。
　ですので、資金繰りを最優先するのであれば、会社で法人税を払い、内部留保をするのがベストとなります。これを、税金そのものが安くなったと勘違いしないでください。

　なお、個人事業や会社において、借入金の返済に回すことができる金額を「返済可能額」と言い、「税引後利益＋減価償却費」で計算します。これを「簡易キャッシュフロー」とも言います。
　細かいことを説明すると本書の趣旨と外れてしまいますので、この数字がプラスであるほど、資金繰りがよくなると理解しておいてください。

なぜ「返済可能額」は税引後利益+減価償却費なのか?

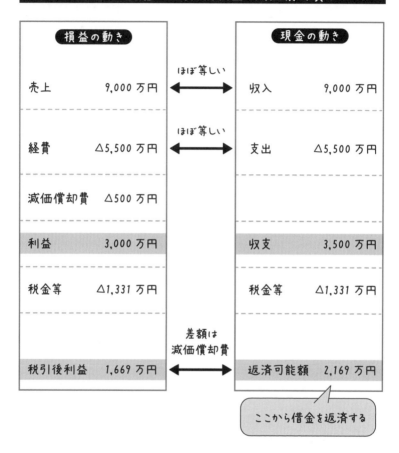

損益の動き		現金の動き	
売上	9,000 万円	収入	9,000 万円
経費	△5,500 万円	支出	△5,500 万円
減価償却費	△500 万円		
利益	3,000 万円	収支	3,500 万円
税金等	△1,331 万円	税金等	△1,331 万円
税引後利益	1,669 万円	返済可能額	2,169 万円

ほぼ等しい

ほぼ等しい

差額は
減価償却費

ここから借金を返済する

補足 ─────────────────────────○

・上記の数字は簡易キャッシュフローとも言われ、金融機関が借金の元本返済可能額
 を計算するために使います（キャッシュフローには、別の計算方法もあります）。
・一般的には、税金等に健康保険料等は含みませんが、事例に合わせるために、上
 記の税金等には含めて計算しています。

●今年の手取りを最大にするには

　事業の利益が 3,000 万円の場合、個人事業では税金＋社会保険料（国民健康保険、国民年金）が 1,331 万円も掛かってしまいます。同じ内容で会社を設立し、社長として給料をもらった場合は、この支払い額をどこまで減らせるでしょうか？

　社長の給料を年収 1 万円から 1 万円ずつ増やしていった場合の、会社と社長が負担する税金＋社会保険料をグラフにしたのが右の図です。

　税金等が最も少ないのは 111 万円のときで、合計 908 万円となりますが、251 万円、275 万円、299 万円、323 万円、347 万円、371 万円でも、ほぼ同額となります。これらは、12 ヶ月で割ると社会保険料の等級がギリギリ上がらない額の月給です。

　いずれの金額にしても、個人事業に比べて 1,331 万円 − 908 万円 = 423 万円も資金繰りがよくなります。この資金を利用して、事業の規模を拡大できることが会社の大きなメリットなのです。

　なお、利益が 1,500 万円でも、4,000 万円でも、5,000 万円でもグラフの形はまったく変わりません。現実的には給料が 111 万円では生活できませんので、347 万円（月給 28.9 万円）にするか、もう少し高い給料に設定しなければならないと思います。グラフを参考にして、必要な生活費は給料でもらってください。

社長の給料と税金+社会保険料の関係 (利益 3,000 万円)

税金+社会保険料 (万円)

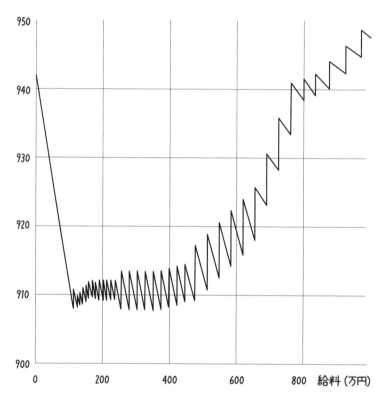

給料 (万円)

・利益 3,000 万円の会社で、社長の年間給料（横軸）に対して、会社と社長に発生する法人税、所得税、住民税、社会保険料の総額を縦軸にしています。
・上記のグラフは、利益が 1,300 万円以上であれば、ほぼ同じ形となります。

●資金繰りと法人税の歴史

　ここまでの説明で、会社は個人事業に比べて、資金繰り面で有利になることがおわかりいただけたと思います。

　実は、日本ではじめて会社ができたころは、法人税というものはなく、配当に対して所得税を払っていました。最終的に会社の利益は配当として株主に支払われますので、配当に所得税を掛ければ十分と考えられていたのです。

　しかし、個人事業主は利益が出るたびに税金を払うのに対し、会社では利益を配当せずに事業拡大にお金を回せば、当面は税金を払う必要がありません。資金繰りで会社のほうが圧倒的に有利になるため、こぞって会社が設立されました。

　そこで、会社の利益に税金を掛け、配当には税金を掛けないという仕組みに変わりました。会社にはいろいろな株主がいますが、利益に対して同じ税率で税金を負担するため、高額所得者ほど有利になります。結局、会社を設立することで、高額所得者が高い税率の所得税を避けるということになっていきました。

　このような経緯から、利益に対しては一定の法人税を納付し、配当の際に、株主の所得に応じた追加の税金（配当所得）を徴収するという方法になったのです。それでも個人事業よりは、資金繰りの面では有利になっていますね。

1898（明治31）年までは法人税が存在しなかった

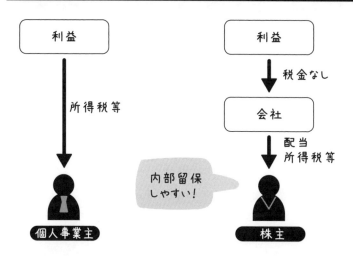

1919（大正8）年までは配当が無税だった

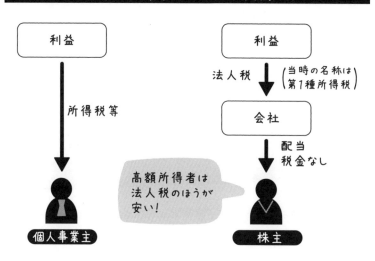

179

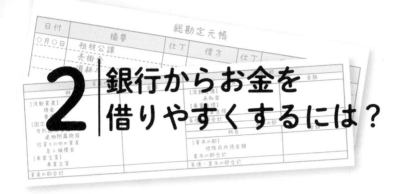

2 | 銀行からお金を借りやすくするには？

「さすがに給料が111万円では生活できないですね……」

「無理に111万円にする必要はありませんよ。給料を473万円にしても、税金などの合計は909万円です」

「ほとんど同じですね。でしたら473万円にしますよ」

「生活費がそれで足りるのであれば、いいと思います」

「給料を多めにもらって、生活費で余ったお金を会社に貸して運転資金にするのはよくないですか？」

「結果的に余ったのであれば、会社に貸してもいいですけど、給料を多めにするのはあまりお勧めしませんね」

「なぜですか？」

「大抵、法人税よりも給料に対する税金や社会保険料のほうが高いです。給料でもらって会社に戻すなら、最初からもらわずに法人税を払ったほうが、手残りが多いですよ」

「たしかにそうですね」

「あと、給料を多くしすぎると、会社の利益が減ってしまい、銀行からお金を借りにくくなってしまいます」

「それは困ります！」

「法人税対策として、不要なものをいろいろ買ってしまう会社も、いざというときにお金が借りられなくて大変です」

「なるほど。うちとしては、規模を拡大していきたいと思っているので、今後も追加の借り入れはしたいですね」

「でしたら、自己資本を増やすことも大事です」

「自己資本とは何ですか？」

「資本金と利益剰余金の合計のことです」

「資本金って何ですか？」

「会社の資金にするため、Ｃさんや他の出資者が出した金額の合計です。普通は、会社設立時に出したお金ですね」

「なるほど。では、利益剰余金は？」

「法人税を払った後の利益のうち、配当として払わずに、会社に内部留保してきた金額を言います」

「個人事業にも自己資本はあるのですか？」

「元入金という項目が、会社でいう資本金と利益剰余金の合計を指しますので、自己資本と同じ意味ですよ」

「そうなんですね。自己資本を増やすにはどうすればいいのですか？」

「給料を減らして利益を増やす、配当を減らす、税金を減らすの３通りですね。個人事業には、自分の給料や配当はありませんけど、自分の生活費がそれに当たります」

「給料を減らすのも、配当を減らすのも、結局自分の生活費を減らすという意味ですよね」

「はい。生活費を減らさずに自己資本を増やすには、税金を減らすしかありません。会社のほうが目先の税金は少ないので、自己資本を増やしやすいのです」

「だから、会社のほうがお金を借りやすいのですね！」

解説

　個人事業を会社にするメリットの１つに、借り入れをしやすいということがあります。
　事業を拡大するには資金が必要です。ですから、資金を借りやすければ、結果的に利益を増やしやすいことになります。

　５章までは、会社で利益を出して法人税を払うと、長期的に見て税金が高くなることが多いと説明してきました。しかし、税金が高くなる以上に、利益を増やせればいいのではないでしょうか？
　利益が1,000万円で税率20％なのと、利益2,000万円で税率30％では、どちらがいいでしょう。税引後の利益は800万円と1,400万円ですよね。どちらを選ぶかは経営者次第ですが、後者のほうが多くの手取りを得ることができます。

　さて、銀行からお金を借りやすくするポイントは２つあります。
　１つは利益を増やすこと、もう１つは自己資本を増やすことです。
　借りたお金は、利益の中から返しますので、利益が大きくなければ返済できません。ですから、利益は当然重視されます。
　もう１つ、自己資本が多いと、利益を出せなかった場合でも銀行はお金を回収しやすくなります。過去からの貯金を切り崩せば返済できるというイメージです。ですので、自己資本の金額も、借り入れの際には重視されるのです。

銀行からお金を借りやすくするには

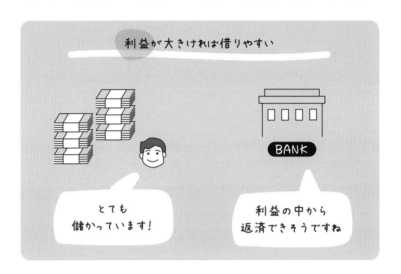

●自己資本はどれくらい必要か

　銀行から借り入れをするには、自己資本が大きいほうがいいと
説明しましたが、具体的に何円くらいの自己資本があればいいの
か？　その目安として自己資本比率というものがあります。

　基本的な用語から説明しますと、事業を行なうに当たって、利
益を生み出すために必要なものを「**資産**」と言います。
　製造業なら工場や機械、材料や運転資金なども必要ですね。こ
れらを調達するのに３億円掛かったとしましょう。
　この３億円のお金を誰に出してもらったか、という出どころを
「**資本**」と言います。ですので「資産」の金額と「資本」の金額
は同じです。

　資本のうち、他人に出してもらったものを「**他人資本**」＝「**負
債**」と言い、自分（出資者）が出したものを「**自己資本**」＝「**純
資産**」と言います。銀行からの借金は他人資本に当たります。
　資本全体のうち、自己資本の占める割合を「**自己資本比率**」と
言います。業種によって差がありますが、**一般的には 30％以上
あることが望ましい**と言われています。

　ですので、資産が３億円の事業でしたら、３億円×30％＝
9,000万円が自己資本の金額の目標となります。逆に言うと9,000
万円の自己資本があれば、２億1,000万円までは借りやすい、と
いうことになります。

自己資本比率とは？

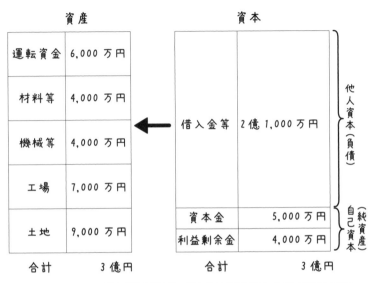

資産	
運転資金	6,000 万円
材料等	4,000 万円
機械等	4,000 万円
工場	7,000 万円
土地	9,000 万円
合計	3 億円

資本		
借入金等	2 億 1,000 万円	他人資本（負債）
資本金	5,000 万円	（純資産）自己資本
利益剰余金	4,000 万円	
合計	3 億円	

※個人事業の場合は、資本金＋利益剰余金が元入金になります。

この事業に必要な資本は 3 億円。
そのうち自分が出しているのは
9,000 万円だから、自己資本比率は
30％ということですね！

会社のほうが目先の税金等が
安いので、利益剰余金が増えて、
自己資本比率を高くしやすいですね！

●会社設立時の資本金はいくらにすればいい？

　銀行から借り入れして、事業規模をどんどん大きくしていくのであれば、個人事業より会社のほうが有利であることがおわかりいただけたと思います。

　ただし、あくまでこれは法人税を払い、内部留保して自己資本を大きくした場合であって、利益を全部社長の給料にして法人税をゼロにしている会社には当てはまりません。実は、そういう会社も少なくないのです。

　また、1章では、会社の利益を全部配当としてもらうことの利点を説明しましたが、規模を拡大したいのであれば、なるべく内部留保しましょう。配当はいつでももらえます。後でまとめて配当をもらうと税率は高くなってしまいますが、資金繰りや銀行借り入れを優先したほうがよい場合もあります。

　ところで、会社を設立するときの最初の資本金（合同会社等では出資金）はいくらにすればいいでしょうか？

　まず、事業に必要な資産を把握します。次に、その資産にいくら掛かるかの資本を計算します。最後に、その資本のうち何円を自分で出して、何円を借金するかを考えます。こうして、最初の資本金の金額を決めてください。

　なお、100万円しか資本金が必要のない場合もありますが、対外的な信用力や見栄えを考えるのであれば、300万円以上にしておくことをお勧めします。

お店を開業。資本金をいくらにするか!?

内装費	500 万円
備品代	200 万円
開業時の諸費用	100 万円
開業時の商品購入	100 万円
開業時の広告費	100 万円
運転資金	300 万円
合計	1,300 万円

うちの銀行は
1,000 万円まで貸せますよ！

では、500 万円は
自己資金で出しますので、
800 万円貸してください

自己資本と他人資本のバランスを考えよう！

6章のポイント

・節税は必ずしも資金繰りの改善にはならない

・借入金の返済可能額は「税引後利益＋減価償却費」で計算する

・利益が 1,300 万円以上の会社であれば、社長の給料を111 万円や 347 万円に設定したときに、今年の手取りが最大になる

・1898（明治 31）年までは法人税が存在せず、1919（大正 8）年までは法人税のみで配当が無税だった

・銀行からお金を借りやすくするには、利益を増やすことと、自己資本を増やすことが重要である

・自己資本とは、設立時などに出した資本金と、利益を配当として出さずに内部留保した利益剰余金の合計である

・一般的に、自己資本は資本全体の 30％以上あることが望ましいと言われている

・設立時の資本金は、必要な資産の額を把握し、他人資本とのバランスを考えて決定する

7章

免税事業者が潰れる？
消費税の仕組みはどう変わる？

インボイス制度と
経過措置の活用

デザイナー
Dさん

税理士

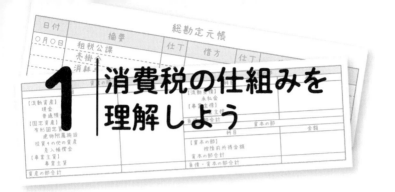

1 | 消費税の仕組みを理解しよう

👩 「はじめまして。私はフリーランスでデザイナーをやっています。インボイス制度について教えていただけませんか?」
Dさん

👨 「わかりました。ところで、売上と税金以外の経費はいくらくらいですか?」
税理士

👩 「売上が800万円くらいで、経費は200万円くらいです」

👨 「今は免税事業者ですね。インボイスを発行するには、課税事業者になる必要がありますよ」

👩 「課税事業者になると、どうなるのですか?」

👨 「では、それを理解するために、消費税の仕組みからご説明しますね」

👩 「はい。よろしくお願いします」

👨 「まず、最初に大事なことを言うと、消費税は消費者が負担する税金ですので、事業者の負担はありません」

👩 「え、課税事業者は消費税を納税していませんか?」

👨 「それは、お客さんから預かった消費税を税務署に納付しているだけなので、自分では負担していないのですよ」

👩 「でも、経費で何か買うときは、一緒に消費税も払っていますよね?」

👨 「実は、課税事業者が経費で支払った金額のうち、消費税分

　　は戻ってきます」

🙂「じゃあ、喫茶店で打ち合わせをした飲食代も10%戻ってくるのですか？」

😊「厳密には110分の10なので、9%くらい戻ってきます」

🙂「今まで、消費税分を返してもらったなんて話は、聞いたことがないですけど」

😊「支払う消費税から、戻ってくる消費税を差引いて納付しているので、振り込まれてくるわけではありませんよ」

🙂「なんだ、お金が入ってくるのではないのですね」

😊「そうなんですが、例えば、店舗を建てて税込1億円を払えば、戻ってくる消費税が909万円になります。そうすれば戻ってくる金額のほうが多くなって、振り込まれます」

🙂「なるほど」

😊「Dさんが課税事業者になると、値上げをしなければ、売上800万円のうち約727万円が売上、約73万円が消費税ということになります」

🙂「値上げは難しいですね……。では、その73万円を税務署に払うのですか？」

😊「そこから、経費の200万円に含まれる消費税は戻ってきます。全部が消費税10%の取引だとすると、税込200万円（税抜182万円）に含まれる消費税は18万円くらいです」

🙂「つまり、73万円－18万円で55万円を払うのですね？」

😊「そうです。」

🙂「55万円ですか……。高いですね……」

　インボイスについて説明する前に、まず消費税の仕組みについて理解していただきたいと思います。

　例えば、デザイナーが電器店でパソコンを10万円で購入し、経費にします。そして、そのパソコンでパンフレットを作り、ペットショップから30万円の報酬を受け取るとします。

　1989年の消費税導入前であれば、利益は30万円－10万円＝20万円となります。イメージとしては、①の図のようになります（他の売上や経費はないと仮定します）。

　これに消費税10％が掛かるようになり、パソコンを購入する代金は消費税1万円を加えた11万円となり、ペットショップからもらう報酬は消費税3万円を加えた33万円となりました。

　そのうち、電器店に支払った消費税の1万円は、事業者は消費税を負担しませんので、税務署から返してもらえます。一方でペットショップから預かった3万円は、税務署に支払わなければなりません。実際には差額の2万円を納付することになります。

　イメージとしては②の図のようになりますが、一見するとデザイナーの利益は、売上33万円－仕入11万円＝22万円となりますので増えています。しかし、そこから税務署に2万円を納付しますので、結果的に残るのは22万円－2万円＝20万円です。利益は1円も変わりません。

消費税導入前・導入後のお金の動き

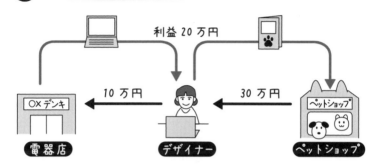

① 消費税導入前（1989年以前）

利益20万円

10万円 ← デザイナー ← 30万円

電器店　○×デンキ　デザイナー　ペットショップ

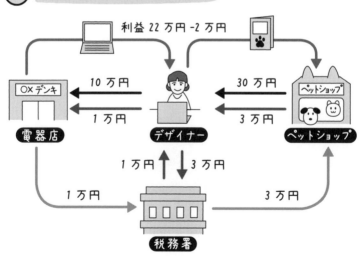

② 消費税導入後（本則課税の場合）

利益22万円 -2万円

10万円
1万円

30万円
3万円

電器店　○×デンキ　デザイナー　ペットショップ

1万円 ↑　↓ 3万円

1万円　税務署　3万円

●課税事業者になったら、いくら納税するのか

　現在、免税事業者の人が課税事業者になった場合は、いくらくらいの納税になるのでしょうか。

　基本的には、売上に含まれる消費税を納め、仕入や経費に含まれる消費税は戻ってきます。この計算方法を本則課税と言います。

　今まで800万円の売上だった人は、消費税込みで800万円の売上があったということになります。仮に相手に消費税という名目で請求していなかったとしても、請求額の110分の100を売上、110分の10を消費税と見なして計算するのです。

　仕入や経費についても、支払った金額の110分の100が仕入や経費、110分の10が消費税となります。こちらについては、インボイス制度導入後は、請求書等に消費税額の明記がないと消費税が戻ってこなくなります。

　Dさんのケースでは、経費はすべて消費税の課税対象という前提で話を進めていましたが、実際には人件費や保険など消費税が課税されていない経費もあります。消費税の納税額を計算するには、一つひとつの支出について、消費税の有無や税率を確認して計算することになります。

　右の表は、免税事業者が課税事業者になったときに、消費税の納付額がいくらになるかを計算したものです。税抜経理を前提に記載していますが、税込経理でも消費税の納付額は変わりません。

課税事業者と免税事業者の収支の比較（本則課税）

	総額	税抜	消費税
売上	800 万円	727 万円	73 万円

値上げしなければ、
実質的に減収となる

	総額	税抜	消費税	
水道光熱費	20 万円	18 万円	2 万円	払った消費税は戻ってくる
旅費交通費	33 万円	30 万円	3 万円	
通信費	22 万円	20 万円	2 万円	
接待交際費	31 万円	28 万円	3 万円	
消耗品費	56 万円	51 万円	5 万円	
外注費	11 万円	10 万円	1 万円	
租税公課	13 万円	13 万円	0 万円	消費税が掛からない経費
損害保険料	13 万円	13 万円	0 万円	
減価償却費	25 万円	25 万円	0 万円	
利子割引料	6 万円	6 万円	0 万円	
合計	230 万円	214 万円	16 万円	

差引	570 万円	513 万円	57 万円

免税事業者
の利益

課税事業者
の利益

消費税の
納付額

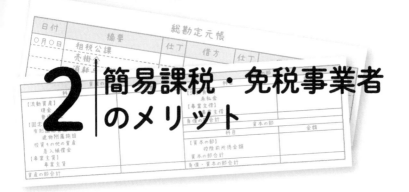

2 簡易課税・免税事業者のメリット

😎「ところで、消費税には『簡易課税』という制度があって、よく節税に使われます」

🙂「そういえば聞いたことがあります」

😎「先ほど、経費に含まれる消費税が戻ってくるとお話ししましたが、簡易課税の場合は、その経費の金額を概算で計算します」

🙂「概算とはどういうことですか？」

😎「売上金額の一定割合を経費と見なして計算するのです。例えば、小売業なら80％とか、飲食業なら60％とか業種によって決まっています」

🙂「うちの業種は何％ですか？」

😎「Dさんはサービス業なので50％です。税抜売上727万円×50％＝364万円として計算しますので、消費税分として36万円くらい戻ってきます」

🙂「そんなに戻ってくるのですか！」

😎「消費税として納付する額は、73万円－36万円＝36万円になりますよ（四捨五入）」

🙂「かなり安くなりますね」

😎「はい。ただ、経費の額や内容によっては、簡易課税のほう

が高くなることもありますし、前々年度の売上が 5,000 万円を超えると簡易課税は使えないので注意が必要です」

「そうなんですね」

「話を戻しますが、D さんは今は免税事業者ですけど、今でも消費税分をお客さんから預かっているという扱いになっています」

「私としては、消費税を請求していませんけど」

「例えば、D さんが 10 万円の報酬をもらうと、お客さんの帳簿には経費 9 万 909 円と消費税 9,091 円と記載されるのです」

「なぜそんなことをするのですか？」

「お客さんは、税務署から 9,091 円を返してもらえるからです」

「でも、私はその 9,091 円を税務署に払わないですよね？」

「はい。それを免除されているので、免税事業者と言われるのです」

「私は得しているということですか？」

「そうです。ただ、D さんが消費税を税務署に納付していないのに、お客さんは消費税を返してもらえるので、お客さんが得をしているという言い方もできますね」

「何だか難しいですね……」

「お客さんは、9 万 909 円の負担で D さんに仕事を依頼できるのです。他の課税事業者に頼むと普通は 10 万円の負担ですから、D さんは仕事をもらいやすくなっているのです」

「どちらにしても、私は得をしているわけですね」

「はい。そういうことです」

次に、簡易課税について説明します。先ほどのデザイナーの事例が簡易課税だった場合、納付額がいくらになるかを計算してみましょう。

　本則課税では、支払った経費のうち、消費税分が税務署から還付されます。電器店から10万円のパソコンを購入した場合、1万円の消費税を払いますので、その1万円が税務署から戻ってきます。しかし、簡易課税の場合は、実際に支払った経費の額は無視され、売上に一定割合を掛けた金額を経費と見なして戻ってくる額が決まります。この割合を「みなし仕入率」と言い、業種によって違う割合が決められています。デザイナーなら「サービス業等」で、50%となります。

　イメージとしては③の図のようになります。電器店には消費税を1万円しか払っていませんが、簡易課税だと売上30万円の50%が経費と見なされます。

　つまり30万円×50%＝15万円が経費の額（消費税抜き）となり、消費税は1.5万円となります。税務署からは1万円ではなく1.5万円が戻ってきますので、5,000円得することになります。

　実際にはペットショップから預かった3万円から差し引いて納付しますので、差額の1.5万円が納付額となります。収入33万円に対して11万円の支出、さらに1.5万円を納付するので、最終的な利益は20.5万円となり、②より利益が増えますね。

簡易課税におけるお金の動き

③　消費税導入後（簡易課税の場合）

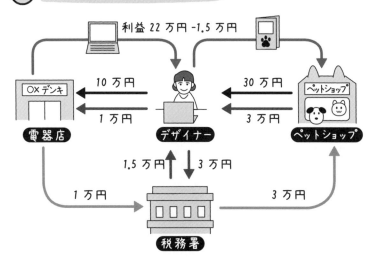

みなし仕入率

第一種事業	90%	卸売業
第二種事業	80%	小売業、農業・林業・漁業（注）
第三種事業	70%	製造業等、農業・林業・漁業（注）
第四種事業	60%	その他の事業（飲食店業など）
第五種事業	50%	サービス業等
第六種事業	40%	不動産業

（注）農業・林業・漁業のうち、飲食料品の譲渡に係る事業は 80%、
　　　それ以外は 70%となる。

●簡易課税の注意点

　簡易課税を適用した場合は、経費でいくら使ったとしても戻ってくる消費税は変わりません。

　多くの場合、納付額は簡易課税のほうが安くなりますが、会社によって経費の使い方が違いますので、簡易課税のほうが損をする場合もあります。特に、1億円のビルを建てるようなケースだと、本則課税であればかなりの消費税が戻ってくるはずですが、簡易課税だと実際の経費は無視されるので戻ってこなくなります（住居用建物だと、本則課税でも消費税は戻ってきません）。

　結果的にどちらの納付額が安くなるかは、その年度が終わるまではわかりません。簡易課税のほうが安いと予想して簡易課税を選択したとしても、結果的に高くなってしまう場合もあります。税理士と相談して有利なほうを予想し、選択してください。

　なお、簡易課税にするかどうかは、その年度が始まる前に決めなければならないことになっています。また、簡易課税を一度選択すると、2年間は続けなければならないルールとなっています（前々年度の売上が5,000万円を超えた場合は、自動的に本則課税となりますので、このルールは適用されません）。

　また、高額な資産を購入すると、一定期間、簡易課税を適用できなくなる場合があります。詳しくは、税理士等にご相談ください。

簡易課税の注意点

1億円のビルを買っても、消費税は戻ってきません！

前々年度の売上が5,000万円を超えると、簡易課税は使えません

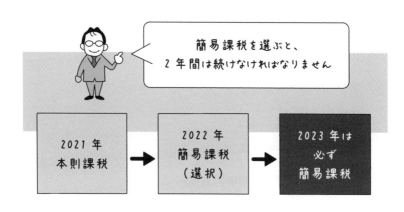

簡易課税を選ぶと、2年間は続けなければなりません

| 2021年 本則課税 | → | 2022年 簡易課税 （選択） | → | 2023年は 必ず 簡易課税 |

●インボイス制度導入までは、免税事業者がお得

　次に、免税事業者について説明します。前々年度の売上が1,000万円以下の場合、または前々年度にまだ開業していない場合は、原則として消費税の納付が免除されます。

　ただし、会社で資本金が1,000万円以上の場合、年度前半の6ヶ月間の売上および人件費の両方が1,000万円を超える場合など、いくつか例外規定があり、該当すると課税事業者になります。

　さて、デザイナーが免税事業者の場合、ペットショップから預かった消費税3万円は、そのままデザイナーの収入となります。では、デザイナーに消費税3万円を払ったペットショップは、税務署から3万円を戻してもらえるでしょうか？

　結論からいうと、インボイス制度導入までは、ペットショップは3万円を戻してもらえます。税務署は、デザイナーから3万円を徴収していませんので、国家予算の中からペットショップに3万円を戻していることになります。

　一方で、デザイナーが電器店に支払った消費税1万円は、電器店が税務署に納付します。この1万円をデザイナーは返してもらうことができません。トータルでは、2万円の納付が免除されたので、デザイナーは2万円を得したことになります。もともと20万円だった利益が22万円になるのです。

免税事業者のお金の動き

④ インボイス制度導入前（免税事業者）

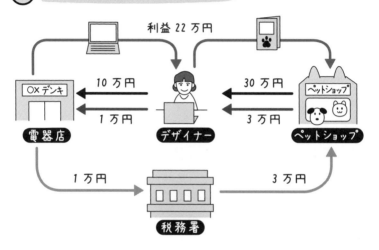

利益 22 万円

10 万円
1 万円
電器店 ○×デンキ

30 万円
3 万円
ペットショップ

デザイナー

1 万円　　税務署　　3 万円

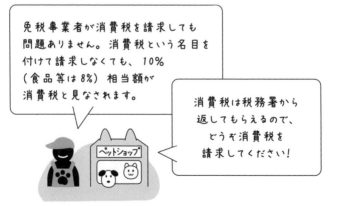

免税事業者が消費税を請求しても
問題ありません。消費税という名目を
付けて請求しなくても、10%
（食品等は8%）相当額が
消費税と見なされます。

消費税は税務署から
返してもらえるので、
どうぞ消費税を
請求してください！

インボイス制度導入までは、免税事業者に消費税を支払っても、支払った事業者は
まったく損をしません。

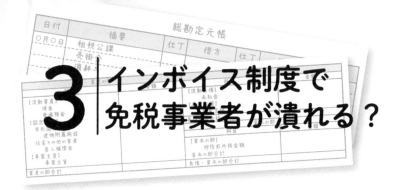

3 | インボイス制度で
免税事業者が潰れる？

😎「さて、これからインボイス制度が始まると、逆に免税事業者が損をするケースが多くなります」

😊「どうして損をするようになるのですか？」

😎「課税事業者が経費で免税事業者に支払いをしても、消費税が戻ってこなくなるからです」

😊「免税事業者かどうかは区別できるのですか？」

😎「はい。免税事業者はインボイスを発行できません」

😊「インボイスって何なのですか？」

😎「消費税率や消費税額を明記した請求書や領収書のことですけど、一番の特徴は登録番号が書かれていることです」

😊「登録番号って何ですか？」

😎「課税事業者は、『適格請求書発行事業者』というものに登録すると13桁の番号をもらえます。その番号のことです」

😊「つまり、課税事業者しかインボイスを発行できないということですね？」

😎「そうです。登録するデメリットはほとんどありませんので、課税事業者のほとんどがインボイスを発行すると思います」

😊「なるほど。でも、そもそも私は消費税を払っていないのですから、相手先に消費税が戻ってこないのは当たり前です

よね。損はしていないと思いますけど」

「はい。免税事業者が10万円請求するのも、課税事業者が11万円請求するのも同じになります。どちらも自分は10万円の収入、相手は10万円の負担です」

「でしたら、私が損をするわけではないので、無理に課税事業者にならなくてもいいのではないですか？」

「たしかに売上だけ見たらそうですけど、免税事業者だと経費に含まれている消費税が戻ってきませんよ」

「そういえば、経費で払った消費税が戻ってくるのは課税事業者だけでしたっけ？」

「はい。ですので、経費の消費税が戻ってくる分、免税事業者より課税事業者のほうが有利になります」

「つまり、インボイス制度になると、みんな課税事業者になってしまうということですね」

「それは業種によると思います。例えば床屋さんのように商売相手が事業者でなければ、インボイスを欲しがるお客さんはいませんよね」

「そうですね」

「インボイスを発行しなくていいのであれば、消費税を納付しなくていい分、免税事業者のほうが有利です」

「私の場合だと、お客さんは事業者が多いですね……」

「だとすれば、基本的には課税事業者になって、インボイスを発行したほうがいいですね」

「出費が増えますけど、仕方ないですかね……」

解説

　インボイス制度が導入されて最も大きく変わるのは、経費を免税事業者へ支払っても消費税が戻ってこなくなることです。

　今までであれば、税込33万円の仕事をどのデザイナーに依頼しても3万円が戻ってきました。今後は免税事業者のデザイナーに依頼すると、⑤の図のように3万円が戻ってこなくなります。つまり1割増しの値段で依頼することになるのです。

　同様に、接待で飲食店を使うときなども、最初に「この店は課税事業者ですか？」と確認してから使うことになりそうですね。面倒になりますが、決まったことは仕方ありません。

　このままでは、デザインの仕事を依頼してくれる人が減ってしまいます。他のデザイナーは実質30万円でやっているのですから、こちらも30万円に値下げしないと競争に負けてしまいます。

　では、30万円に値下げしたら、利益はどうなるでしょうか？

　⑥の図のように、報酬を30万円に下げたとしても、パソコン代の11万円は変わりません。免税事業者は、支払った消費税が戻ってきませんので、1万円分は損をすることになります。

　結果的に、利益は30万円－11万円＝19万円に減ってしまいました。これまでは22万円の利益があったのに、3万円も減ってしまいます。

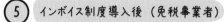

インボイス制度におけるお金の動き

⑤ インボイス制度導入後（免税事業者）

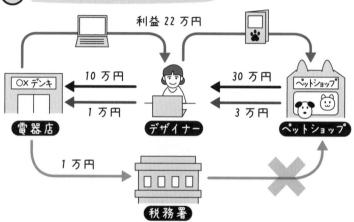

利益 22 万円

10 万円

1 万円

30 万円

3 万円

電器店　　　デザイナー　　　ペットショップ

1 万円

税務署

⑥ インボイス制度導入後（免税事業者・報酬を 30 万円に値下げ）

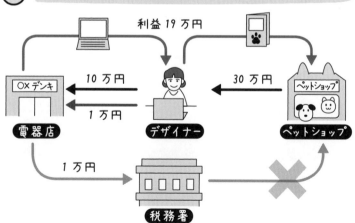

利益 19 万円

10 万円

1 万円

30 万円

電器店　　　デザイナー　　　ペットショップ

1 万円

税務署

●免税事業者は課税事業者になるべき？

　ここまで説明したとおり、インボイス制度が導入されると、免税事業者のほうが不利になるケースが多くなると考えられます。では、どうすれば課税事業者になれるのでしょうか？

　それには、「消費税課税事業者選択届出書」という書類を税務署に提出することになります。

　課税事業者になれば、先ほどの事例でいえば利益が20万円となりますので、損はしなくなります。しかし、もともと22万円の利益でしたので、2万円のマイナスです。

　免税事業者は売上1,000万円以下の小規模事業者ですので、ギリギリで経営していた事業者は潰れてしまう可能性もあります。早急に経営の改善をしていかねばなりません。

　ここまで、販売先が課税事業者という前提で説明してきましたが、例えば床屋のように、主な顧客が一般消費者であれば影響は少ないと思います（そもそも消費税は戻ってきませんので）。

　また、事業者に販売をしていたとしても、町の小さな八百屋さんであれば、購入する事業者は主に近所の飲食店などだと思われます。その飲食店などが免税事業者や簡易課税の事業者であれば、影響は少なくなります。もともと免税事業者は消費税が戻ってきませんし、簡易課税の場合は払った経費とは無関係に、消費税が戻ってくるからです。

免税事業者や簡易課税事業者は、
受け取る請求書・領収書が
インボイスである必要がありません

●特に影響が大きいのがフリーランスと一人親方

　インボイス制度の導入で特に影響が大きいのは、1人でやっている事業主の人だと思います。例えばデザイナーやコンサルタント、建設業の一人親方の職人などは、売上が1,000万円以下で顧客が事業者というケースが多いです。私も税理士として開業し、売上ゼロからスタートしましたので、しばらく免税事業者でした。

　建設業だと、下請けで多くの職人（一人親方）を雇っているケースが多いようです。今までは下請けに支払っていた金額の約9％が戻ってきましたが、インボイス制度になると戻ってこなくなります。消費税分、請負金額を下げればいいのですが、応じてもらえるでしょうか。または消費税の課税事業者になってもらえるでしょうか。

　いずれにしても、職人の立場からすると、単純に収入が減ることになってしまいます。生活も掛かっていますし、交渉が難航するかもしれません。

　インボイス制度の導入は、事実上の増税ですので、その負担をどうするかは大きな課題になると思います。

　一方的な値下げ要求は独占禁止法や下請法、建設業法に触れる可能性がありますので、元請けの立場でしたら慎重に交渉してください。インボイス制度の導入は免税事業者と取引している課税事業者にとっても頭の痛い話なのです。

元請けと下請けのトラブル発生も……!?

今までは 1 日 2 万円払っていたけど、
消費税 1,818 円が戻ってこなくなるから
日当を 18,182 円に値下げするぞ！
嫌ならインボイスを発行しろ！

勝手に値下げ
しないでください！

生活費がギリギリ
なのに困ったな……

ここの下請けは
もうやらない！

元請けからの一方的な値下げ要求は、
独占禁止法などの法律に抵触する
可能性があります

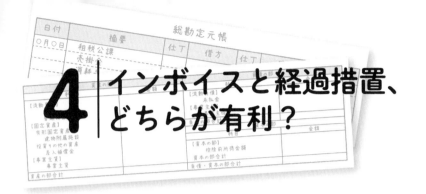

4 | インボイスと経過措置、どちらが有利？

👧「インボイス制度は2023年10月からですよね？　そんなに大きく変わるなんて知りませんでした」

🧑‍💼「一応、経過措置というのがあって、しばらくは免税事業者に支払っても、消費税相当額の一部が戻ってきます」

👧「どれくらい戻ってくるのですか？」

🧑‍💼「2026年9月までは消費税相当額の80％、2029年9月までは50％が戻ってきます」

👧「普通なら1,000円戻ってくるところが、800円とか500円しか戻ってこないということですか？」

🧑‍💼「そうです。そして2029年10月以降は1円も戻ってきません」

👧「少しずつ変わるのですね。私はどうしたらいいですか？」

🧑‍💼「取引先が了解すればですが、2026年9月までは免税事業者のままで、少し値引きすればいいと思います」

👧「値引きするのですか？」

🧑‍💼「はい。約2％値引きすれば、消費税相当額の80％しか返ってこなくても相手は損をしません」

👧「今まで10万円を請求していた顧客には、9万8,000円で請求すればいいのですか？」

「そういうことです」

「2026年10月以降はどうしたらいいですか？」

「課税事業者になって、インボイスを発行したらいいと思います」

「値引きではダメですか？」

「約5％値引きすれば相手は損をしませんが、Dさんは5％値引きするより消費税を納付したほうが若干有利です」

「そうなんですね」

「これは、本当にケースバイケースです。例えば、卸売業で簡易課税を使うのであれば、消費税の納付額は売上の約1％です。2％の値引きより納税したほうがいいですよね」

「なるほど、業種にもよるのですか」

「あと同じ業種でも、顧客に一般消費者の割合が高いと、インボイスは要らないので、値引きが必要な取引は少なくなります」

「判断が難しいですね」

「相手によっては、経過措置を理解していなくて、10％の値引きを求められることもあると思います。個別の事情に合わせて考えるしかありません」

「そうですよね。まず2％の値引きで了解してもらえるかどうか……」

「相手が納得してくれなかったら、この本を読んでもらってください」

「もう1冊買わないといけませんね」

2023年10月からインボイス制度が始まりますが、経過措置があり、⑦の図のように免税事業者へ支払った経費の消費税部分の一部が戻ってきます。

まず、2026年9月までは、支払った金額のうち消費税部分の80%が戻ってきます。例えば、デザイナーがペットショップに税抜30万円＋消費税3万円の報酬を請求した場合、その3万円の80%、2.4万円がペットショップに戻ってくることになります。

ペットショップが余計に負担する金額は6,000円ですので、それほど大きな影響はないかもしれません。

ただ、デザイナーの都合でペットショップの負担を増やすと、他のデザイナーに代えられてしまう可能性があります。

もし、ペットショップの負担を同じにするのであれば、報酬を102分の2（約2%）だけ値引きします。

⑧の図のように、税抜報酬を30万円×100/102＝29万4,118円にすると、消費税は10%で2万9,412円となります。合計の支払額は29万4,118円＋2万9,412円＝32万3,530円ですね。

戻ってくる消費税は2万9,412円×80%＝2万3,530円となりますので、ペットショップの負担は32万3,530円－2万3,530円＝30万円となります。もちろん、もう少し値引きしても構いません。

インボイス制度の経過措置と対応策（2026 年 9 月まで）

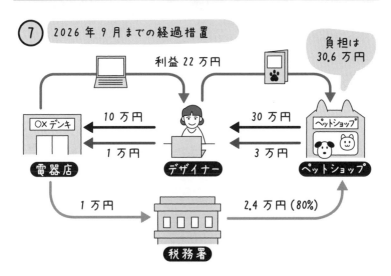

7 2026 年 9 月までの経過措置

利益 22 万円

負担は
30.6 万円

○×デンキ ← 10 万円 ← デザイナー ← 30 万円 ← ペットショップ

1 万円 → デザイナー / 3 万円 → ペットショップ

電器店

1 万円 → 税務署 → 2.4 万円（80％）→ ペットショップ

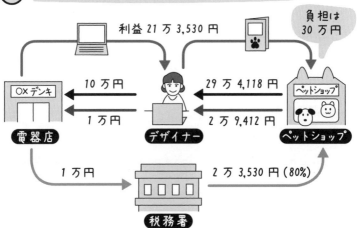

8 購入者の負担が変わらないようにする場合（80％）

利益 21 万 3,530 円

負担は
30 万円

○×デンキ ← 10 万円 ← デザイナー ← 29 万 4,118 円 ← ペットショップ

1 万円 → デザイナー / 2 万 9,412 円 → ペットショップ

電器店

1 万円 → 税務署 → 2 万 3,530 円（80％）→ ペットショップ

● 2026年以降の経過措置は意味がない？

　次に2029年9月までは、消費税の戻ってくる比率が50％になります。⑨の図のように33万円の報酬を請求するケースだと、ペットショップに戻ってくる消費税は3万円の50％で1.5万円となります。

　こうなるとペットショップの負担がかなり大きくなりますね。ペットショップの負担を変えないためには、報酬を105分の5（約5％）も値引きする必要があります。

　⑩の図のように、税抜報酬を30万円×100/105＝28万5,714円にすると、消費税は10％で2万8,571円となります。合計の支払額は28万5,714円＋2万8,571円＝31万4,285円ですね。

　戻ってくる消費税は2万8,571円×50％＝1万4,285円となりますので、ペットショップの負担は31万4,285円－1万4,285円＝30万円となります。

　デザイナーの利益は、31万4,285円の収入に対して11万円の支出ですから、差し引き20万4,285円となります。

　199ページの図③でも説明しましたが、このデザイナーが課税事業者を選択し、簡易課税であれば、利益は20万5,000円です。経過措置を使って値引きするよりも、消費税を納付したほうが利益は大きくなるのです。そうなると、経過措置を使うメリットがあまりありません。

インボイス制度の経過措置と対応策（2029年9月まで）

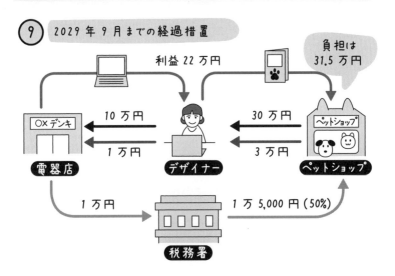

⑨ 2029年9月までの経過措置

負担は31.5万円

利益 22万円

10万円
1万円
30万円
3万円

電器店　デザイナー　ペットショップ

1万円　　　税務署　　　1万5,000円（50%）

⑩ 購入者の負担が変わらないようにする場合（50%）

負担は30万円

利益 20万4,285円

10万円
1万円
28万5,714円
2万8,571円

電器店　デザイナー　ペットショップ

1万円　　　税務署　　　1万4,285円（50%）

●状況によってどちらが有利かを判断するしかない

　免税事業者が課税事業者になってインボイスを発行するか、値引き対応にするか、あるいは相手に負担増をのんでもらうかは、それぞれの状況次第となります。

　参考に、全顧客に値引き対応した場合と、課税事業者になって消費税を納付した場合の比較を表にしてみました。

　デザイナーの事例と同じように、売上が税込33万円、経費が税込11万円の取引しかなかった場合、値引きとインボイス発行のそれぞれの場合について、手取りの金額を計算しています。

　例えば、第六種は不動産業になりますが、不動産業であれば2026年10月以降も、値引き対応のほうが若干有利になります。

　実際は、値引きに応じてもらえない取引先や、値引きする必要のない取引先もあるため、有利不利の判断は非常に難しくなります。顧問税理士がいる場合は、シミュレーションをしてもらうといいでしょう。

　なお、経過措置を利用する場合は、免税事業者でも請求書や領収書に消費税率等の記載が必要になります。免税事業者だから消費税を載せてはいけない、ということではありません。もし消費税率等の記載がなかった場合は、受け取った事業者が書き加えてもいいことになっています（経過措置は使えます）。

売上 33 万円、経費 11 万円の手取り額

免税事業者	インボイス導入前		22 万円
	値引き対応（80%）		21 万 3,530 円
	値引き対応（50%）		20 万 4,285 円
	経過措置終了後		19 万円
課税事業者	本則課税		20 万円
	簡易課税	第一種事業	21 万 7,000 円
		第二種事業	21 万 4,000 円
		第三種事業	21 万 1,000 円
		第四種事業	20 万 8,000 円
		第五種事業	20 万 5,000 円
		第六種事業	20 万 2,000 円

※消費税以外の税金は考慮していません

●さらなる経過措置について

　2023年3月に可決された税制改正により、2023年10月から3年間、免税事業者が課税事業者になることを選択し、インボイスを発行したとしても、消費税の納付額は受け取った消費税の20％に抑えられることとなりました。

　例えば、デザイナーの事例では、税込33万円の報酬に対して預かった消費税は3万円ですので、納税額は6,000円までとなります。簡易課税の第二種と同じですね。
　値引き対応と比較すると、33万円×2/102＝6,470円を値引きしますので、インボイスを発行したほうが有利です。

　金額的には大きな差はありませんので、値引き交渉の手間と、消費税の申告書を作成する手間とのどちらを取るかということになるでしょう。もちろん、一般消費者への売上が多ければ、値引きは必要ありませんので、それも考慮しなければなりません。

　また、2029年9月まで、売上1億円以下の事業者が行なう1万円未満の仕入等についてはインボイスが不要ということになりました。ですので、単価が1万円未満の商売をしている場合は、免税事業者のほうが有利になる可能性が高いです。
　条件がかなり複雑になってしまいましたが、それぞれの事業の状況に応じて、インボイスを発行すべきか、免税事業者のままでいくのかを判断しなければなりません。

売上 33 万円、経費 11 万円の手取り額はどう変わる？

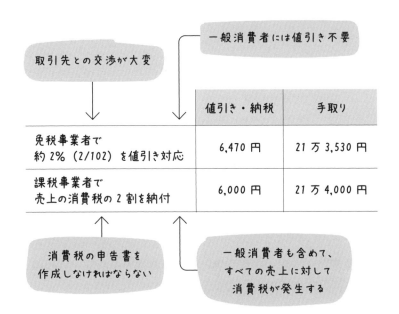

一般消費者には値引き不要

取引先との交渉が大変

	値引き・納税	手取り
免税事業者で約 2%（2/102）を値引き対応	6,470 円	21 万 3,530 円
課税事業者で売上の消費税の 2 割を納付	6,000 円	21 万 4,000 円

消費税の申告書を作成しなければならない

一般消費者も含めて、すべての売上に対して消費税が発生する

それぞれの事業者で、ベストな方法は違う！

7章のポイント

・課税事業者は、経費などに含まれる消費税を返してもらえる

・簡易課税を選択した場合、売上の一定割合を経費と見なして消費税を計算する

・インボイス制度が始まると、免税事業者への支払いに対しては消費税が返ってこなくなる

・免税事業者は選択することで課税事業者になることができる

・顧客がインボイスを必要としない業種であれば、免税事業者のままでも問題はない

・特にフリーランスと一人親方は、インボイス制度の影響を大きく受ける

・2026年9月までは、インボイスを発行しなくても、約2%の値引きをすれば買い手は損をしない

・税制改正大綱で、さらなる経過措置が検討されている

8章

配偶者の給料は高いほうがいい？

法人成り後の
夫婦の手取り
最大化策

プログラマー
Eさん

税理士

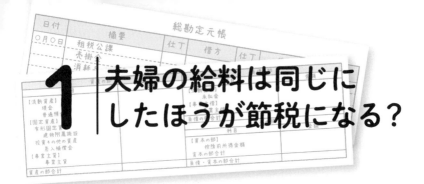

1 │ 夫婦の給料は同じにしたほうが節税になる？

Eさん 「はじめまして。法人成りの相談で参りました」

税理士 「はい。今の状況を教えていただけますか？」

「プログラマーをやっていまして、税金を支払う前の利益は 1,500万円です。経費の中には、妻への専従者給与 120万円も入っています」

「奥さんもプログラマーなのですか？」

「いえ。雑用を手伝う程度です」

「会社にされる理由は何ですか？」

「節税もありますが、取引先の都合です」

「わかりました。そうなると、マイクロ法人というわけにはいかないですね」

「例えば、妻にも役員になってもらって、たくさんの給料を払えば節税になるのではないでしょうか？」

「では、そこから説明しましょうか」

「はい。よろしくお願いします」

「今、ご夫婦合わせて 1,620万円を稼いでおられますが、計算すると税金や健康保険等で 564万円払っています」

「けっこうな金額ですね」

「会社にした場合、お2人が均等に給料をもらうのと、奥さ

んの給料を130万円弱にして、残りをEさんの給料にするのでは、どちらがいいと思いますか？」

「収入が多いと、かなり税率が高くなってしまうので、なるべく均等にしたほうがいいと思います」

「そう思いますよね。もし均等に給料をもらった場合は、給料は703万円ずつとなって、税金や社会保険料の合計は576万円となります」

「今よりも高いのですか!?」

「はい。高くなってしまいます。しかも、手伝い程度の奥さんに700万円も払ったら、過大な役員報酬ということで税務署から追徴課税される可能性もあります」

「それはマズイですね」

「次に、奥さんの給料を130万円弱（月額10.8万円）とすると、Eさんの給料は1,331万円となります」

「かなり税金が高そうですね」

「ところが、税金と社会保険料の合計は565万円ですので、給料を均等にするより安くなります」

「えっ！　なぜ、そうなるのですか？」

「奥さんが社会保険の扶養になるので、社会保険料がタダになるからです」

「そうなんですね！　では手取りは今と同じくらいですか」

「あと、将来もらえる年金が今より43万円増えますよ」

「でしたら、会社にしたほうが有利ですね？」

「そうです。しかも、さらに有利にする方法があるんです」

　皆さんの中で、夫婦で事業を行なっている方もいると思います。その際に、それぞれの収入をどのように分けたらいいか、悩みますよね。

　多くの人が、夫婦の収入を近くしたほうが有利だと考えています。たしかに所得が高いほど税率も高くなりますので、なるべく均等にしたほうが税金は安くなります。個人事業であれば、その考えで正しいと思います（ただし、仕事内容に対して専従者給与が高すぎると、経費として認められなくなります）。

　会社の場合は、これに社会保険料も考えなければなりません。社会保険に加入すると、配偶者の収入が年間130万円未満であり、本人が社会保険に入っていなければ、扶養に入れることができます。そうすると、配偶者の負担はゼロにもかかわらず、国民年金を納付したものと扱われて、将来は年金ももらえる非常に有利な制度なのです。そのため、社会保険料も含めて考えると、夫婦で1,620万円も稼いでいても、扶養に入れたほうが出費は少なくなります。

　将来もらう年金も合わせると、均等に給料をもらったほうが若干有利ですが、年収700万円に見合った仕事をしていないと、経費として認められなくなります。リスクを考えても、扶養に入れる給料にするほうが無難でしょう。

給料を夫婦でどのように配分すればいいか

	会社の収支	
給料支払前の利益	1,620 万円	1,620 万円
社長の給料	697 万円	1,331 万円
配偶者の給料	697 万円	130 万円
●健康保険・年金	217 万円	150 万円
★法人税等	9 万円	9 万円
税引後利益	0 万円	0 円

夫婦合算の収支	個人事業	夫婦均等	扶養
税引前利益(個人事業)	1,500 万円	0 円	0 円
給料	120 万円	1,394 万円	1,461 万円
★個人事業税	58 万円	0 円	0 円
●健保・年金	142 万円	212 万円	147 万円
★所得税・復興税	244 万円	61 万円	161 万円
★住民税	120 万円	74 万円	98 万円
★税金合計	422 万円	144 万円	268 万円
●健康保険・年金合計	142 万円	429 万円	297 万円
税金と健康保険・年金の合計	564 万円	573 万円	565 万円
今年の手取り	1,056 万円	1,047 万円	1,055 万円
将来の年金増加	0 円	78 万円	43 万円
手取り合計	1,056 万円	1,125 万円	1,098 万円

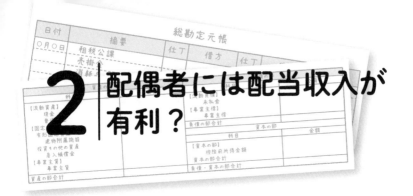

2 配偶者には配当収入が有利？

😀「何ですか？　もっと有利な方法って？」

😎「それは、配当を出すということです」

😀「配当を出すと、どうなるのですか？」

😎「配当には社会保険料が掛からないので、手取りが多くなります」

😀「いくらぐらい増えますか？」

😎「Eさんが株主であれば、奥さんの給料は130万円弱で、Eさんの給料を653万円にしたときがベストですね。税金などの合計は532万円で、32万円も少なくなります」

😀「そんなに安くなるのですか？」

😎「はい。安くなります」

😀「では、ぜひそうしたいと思います。ところで、数年前に土地を相続しまして、自分が死んだときの相続税対策も考えているのですよ」

😎「そうなんですね」

😀「ですので、なるべく妻の収入になるようにしたいのですけど、難しいでしょうか？」

😎「会社を設立するときに、ほとんどの出資を奥さんにしてもらったらどうでしょうか？」

「妻が出資するのですか？」

「はい。プログラマーなら、そんなに資本金は要らないですよね。Eさんが 1,000 円、奥さんが 99 万 9,000 円出資すれば、配当の 99.9 ％は奥さんに行きますよ」

「そんな方法があるのですか！」

「もし株式会社であれば、奥さんの株式は無議決権株式にしておけばいいと思います」

「無議決権って何ですか？」

「株主として議案に投票する権利です。議決権があると、夫婦喧嘩をしたときに社長をクビにできますよ」

「それは困りますね」

「もし奥さんが毎年多額の配当を受け取る場合、社会保険の扶養から外れてしまいます」

「では、国民健康保険や国民年金になるのですか？」

「もし可能であれば、共同代表になって、月 9 万円くらいの報酬で社会保険に入ったほうがお得です」

「そうすると、税金などはどうなりますか？」

「Eさんの給料が 581 万円、奥さんの給料は 111 万円として、配当 634 万円を全部奥さんがもらうとすると、税金と社会保険料の合計は 508 万円で、さらに安くなりますね」

「だったら、そちらのほうがいいじゃないですか！」

「収入が夫婦で分散するので、税金はかなり安くなります。しかも、配当収入は労働対価ではないので、多すぎるという指摘も受けにくいのです。奥さんが株主ということに抵抗がないのであれば、これがベストでしょうね」

解説

　1章でも説明したように、配当には社会保険料が掛からないため、給料でもらうより手取りが多くなる場合があります。

　ここでは、配偶者が事業を手伝っている場合に、どのように給料と配当を出せばいいかを解説します。

　まず、社長が株主の会社であれば、配偶者の給料は月額10.8万円として、社会保険の扶養とします。それも経費とした利益（右の表では1,620万円 − 130万円 ＝ 1,490万円）に一番近い利益に相当する給料額を246ページ以降の表から探してください（この事例では「給料支払前利益　1,500万円」を採用）。右の表の事例では、配当も含めた所得が1,000万円を超えるため、配偶者控除が使えない点も注意が必要です（右の表のA列）。

　次に、配偶者に多くの収入を渡したい場合は、資本金（出資金）のほとんどを配偶者が出すようにします。そうすれば、配当のほとんどを配偶者が受け取ることになります。

　この場合、社会保険の扶養から外れてしまいますので、国民健康保険に加入することになりますが、配当収入が多いと国民健康保険料が高額になってしまいます。これを防ぐためには、共同代表という形にして、少額の給料で配偶者も社会保険に入るのがいいと思います。金額としては、社会保険料が安くすむ月額9万2,500円（年収111万円）をお勧めします（右の表のB列）。

配当によって配偶者に収入を分配できる

会社の収支	A	B	C
給料支払前の利益	1,620 万円	1,620 万円	1,620 万円
社長の給料	653 万円	581 万円	347 万円
配偶者の給料	130 万円	111 万円	347 万円
●健康保険・年金	97 万円	103 万円	103 万円
★法人税等	171 万円	191 万円	190 万円
税引後利益	569 万円	634 万円	633 万円

夫婦合算の収支	社長に配当	配偶者へ配当	均等に配当
給料	783 万円	692 万円	694 万円
配当	569 万円	634 万円	633 万円
●健保・年金	95 万円	100 万円	101 万円
★所得税・復興税	91 万円	39 万円	33 万円
★住民税	78 万円	75 万円	74 万円
★税金合計	340 万円	305 万円	297 万円
●健康保険・年金合計	192 万円	203 万円	204 万円
税金と健康保険・年金の合計	532 万円	508 万円	501 万円
今年の手取り	1,088 万円	1,112 万円	1,119 万円
将来の年金増加	35 万円	37 万円	37 万円
手取り合計	1,123 万円	1,149 万円	1,156 万円

※「配偶者へ配当」は、全額を配偶者へ配当した場合の数字

●夫婦の所得が均等になると、手取りが多くなる

　社長がすべての株式を持って配当をもらうより、配偶者が配当をもらうほうが、手取りは多くなりました。これは、どちらか1人に所得が偏ると、その人の所得税の税率が高くなってしまうからです。そこで、配当を使って夫婦の所得税率が同じくらいになるよう調整すれば、手取りを最大化できるのです。

　具体的な給料の決め方は、右図を参考に計算してください。あくまで目安ですので、所得によっては手取りを最大化できない場合もあります。参考程度に見ていただければと思います。

　なお、配偶者も社長と同程度に仕事をしているという前提であれば、給料も同額、配当も同額とすることで、所得税を抑えることができます。前ページの表のC列に、夫婦が給料も配当も同額にするという前提で、手取りが最も多くなる試算も入れました。この場合は、税引後利益が848万円程度になるように調整して、夫婦の給料を設定します（社会保険料の段階も考慮します）。

　この方法でも、配偶者にすべて配当する場合と比較して、手取りは7万円しか増えません。配偶者の給料については、税務署から多すぎるという指摘を受けないよう、仕事内容に見合った金額とし、配当（出資比率）で調整するのが無難だと思われます。

　合同会社の場合は、出資比率と異なる配当も出せますが、会社への特段の貢献など、合理的理由なく多額の配当を支払った場合、贈与と見なされる可能性もあるのでご注意ください。

夫婦の手取りの合計が多くなる給料の設定方法

夫婦の給料や税金を支払う前
の利益 ＝ 1,620 万円

→ 配偶者も同等に仕事

　給料も配当も均等に出す

↓ 配偶者が手伝い程度

配偶者の人件費 127 万円を引く
（給料 111 万円＋社保 16 万円）
1,620 万円 － 127 万円 ＝ 1,493 万円

→ 975 万円以下

　社長の給料は 111 万円
　配当は均等に分ける

↓ 975 万円超

会社の利益 848 万円を引く
1,493 万円 － 848 万円 ＝ 645 万円

会社の利益が 848 万円を
超えると、法人税の税率
が高くなるため

↓

1.15 で割り、さらに 12 で割る
645 万円 ÷ 1.15 ÷ 12 ＝ 46.74 万円

会社負担の社会保険料
15％分を引く。さらに
12 ヶ月で割る

↓

上記の近辺で、標準報酬月額が
上がらない給料額を設定する
48 万 4,000 円（年間 581 万円）

48 万 5,000 円にすると
社会保険料が大幅に上
がってしまう

↓

税引後利益（600 万円程度）を
夫婦の出資比率に従って配当する
（配偶者の出資が多いほうが有利）

出資比率は贈与で変更で
きるが、金額が大きいと
贈与税が掛かる

8章のポイント

・社会保険に加入している場合、夫婦で均等に給料をもら
　うより、片方を扶養に入れたほうが有利なケースが多い

・配偶者の給料が仕事内容に対して高すぎると、経費とし
　て認められない可能性がある

・社長に配当を出す場合は、配偶者の給料を 130 万円とし
　て、手取りの多くなる給料額を検討する

・配偶者の持株割合を高くすることで、配偶者に多くの配
　当を出すことができる

・配偶者が配当を多くもらう場合は、国民健康保険料を削
　減するために、共同代表となって社会保険に入ることも
　検討する

・給料と配当を合わせて、夫婦の所得が同じくらいになる
　よう調整すると、手取りが最大になる

9章

もっと詳しく知りたい人のために！

税金と社会保険の
Q&A

Q1 会社を設立して、社宅に住みたいと思っていますが、家賃はどのように決めたらいいでしょうか？

　会社が社宅を購入または賃借して、社長や従業員に住まわせる場合、一定の金額を家賃として徴収しなければなりません。その金額は、所得税・住民税と社会保険料で異なります。家賃が不足していた場合は、差額を給料として支払ったと見なして税金や社会保険料が掛かります。

　まず、税金について説明します。社宅が小規模な住宅の場合は、103ページに記載された方法で計算します。小規模な住宅とは、法定耐用年数が30年以下の建物の場合には床面積が132㎡以下、30年超の建物の場合には床面積が99㎡以下である住宅を言います（区分所有の建物は共用部分の床面積を按分し、専用部分の床面積に加えます）。

　小規模な住宅でない場合は、次の計算方法によります。

---

a．自社所有の社宅の場合

次の (1) と (2) の合計額の12分の1が賃貸料相当額となる。

(1)　その年度の建物の固定資産税の課税標準額 × 12％※

(2)　その年度の敷地の固定資産税の課税標準額 × 6％

※法定耐用年数が30年超の場合には12％ではなく10％

---

b．賃貸物件を社宅にする場合

会社が家主に支払う家賃の 50％の金額と、上記 a で算出した賃貸料相当額のいずれか多い金額が賃貸料相当額となる。

上記にかかわらず、床面積が 240㎡を超えるもののうち、家賃などを総合勘案して、一般の社宅と認められないものについては、一般相場が賃貸料相当額となります。

また、一般の従業員が社宅に入居する場合は、小規模な住宅かどうかを問わず、103 ページの方法で計算した金額の半分以上を徴収すればいいことになっています。

次に社会保険料については、「現物給与の価額」というものが毎年発表されていますので、確認してください。ここに、都道府県ごとに居住用部分 1 畳当たりの金額が掲載されています。居住用部分とは、台所やトイレ、浴室、廊下、玄関などは含まない部屋の広さのことです。

例えば、2LDK のマンションで、それぞれ 4.5 畳、6 畳、12 畳だとします。LDK のうち 3 畳が台所だとすれば、この住宅の居住用部分は、4.5 畳＋ 6 畳＋ 12 畳－ 3 畳＝ 19.5 畳となります。洋間の場合は、面積を 1.65㎡で割って、単位を畳に変換します。

愛知県でしたら 2022 年度は 1 畳当たり 1,560 円ですので、1,560 円× 19.5 畳＝ 30,420 円が適正金額となります。仮に、社宅家賃として会社に 3 万円払っている場合は、差額の 420 円が社会保険料の対象となります。

Q2

もし厚生年金に加入した場合、将来もらえる年金の金額はどのようになる見通しでしょうか？

　現在若い人が将来、年金をもらう頃には、年金の給付水準が下がることは確実な状況になっています。

　2017年までは、高齢者の増加に伴って年金保険料を増やすことで年金給付水準を維持してきました。しかし、このままでは年金財政が破綻してしまうので、2017年からは年金保険料を実質的に固定化する代わりに、年金支給額を減らす仕組みになっています（賃金水準や物価が変われば、保険料は変動します）。

　今後の年金額の増減を示す数字に「所得代替率」というものがあります。これは男性の平均手取り収入に対する年金額の比率のことで、これが下がれば年金が減ったと考えます。

　例えば、賃金水準が2倍になって、年金受給額も2倍になったとします。しかし、物価も2倍になっていたら、年金が増えたと言えるでしょうか。実質的には変わりませんよね。

　このようなケースは、賃金水準と年金の比率が変わらないので、「所得代替率は変わらない」ということになります。

　2019年時点での所得代替率は61.7％ですが、厚生労働省の試算（2019年財政検証結果レポート）では、経済成長が良好であ

ったとしても、2046年に51.9％まで減少する見込みです。また、経済成長が一定程度であったときは2058年に44.5％まで減少し、経済成長が進まない場合は36％まで下がると試算しています。

つまり、**物価が変わらないとすれば、現在より年金受給額が2～3割減少する見込みで、最悪4割程度減少する**ということになります（所得代替率が50％を下回る場合は、この仕組みが変更される可能性があります）。

この試算はコロナ禍前の予想に基づいていますので、実際の数字はこれよりかなり厳しくなると言わざるをえません。

本書では比較的若い社長を想定し、年金をもらう頃には支給水準が現在の70％になっているという前提で計算しています。年金の手取り額は、現在水準でも支払った年金保険料の42.5％ですので、その70％だと支払額の約30％となります（42.5％×70％＝29.75％）。つまり、将来もらえる年金の予想額は、支払った年金保険料の30％として計算しています。

国民年金についても、納付期間を65歳まで伸ばすという案が出ているようです。国民年金が始まった1961（昭和36）年の男性の平均寿命が65歳でしたので、最初は平均寿命を超えた人だけが受給できるという制度でした。今でいえば76歳まで納付して81歳から受給できるという感覚だったのです。

こちらも現在の制度の維持は不可能に思えますので、自分で老後の生活を支えられるよう、準備していかねばなりませんね。

Q3

内部留保のある会社を買収して清算した場合で、将来の配当課税を避ける方法はないのでしょうか？（税理士向け）

　理論上は、会社を買収する際に100％子会社にするのではなく、株式の99.99％を買収し、残りの0.01％を他の人が所有するようにすれば、配当として課税されることはなくなります。

　169ページの事例で説明すると、99.99％の株式所有であれば、株式消滅損に損金不算入が適用されません。しかも、受取配当金については50％が益金不算入ですので、差し引き1,705万円の損金が発生します。

　つまり、会社を買収して清算しただけで、1円も損をしていないのに損金が発生し、法人税を節税できてしまうのです。

　以前は100％子会社でも株式消滅損を損金にできたので、節税スキームとして行なわれてきました。これを防ぐために損金不算入にするという法改正がなされましたので、あえて99.99％の株式を取得するというのは、法の穴を突くような方法です。

　現時点で違法とは言えませんが、法律の趣旨から考えると、税務上問題にされるリスクがありますので、私としてはお勧めしません。

　あくまで参考程度にしてください。

99.99％子会社化してから清算した場合の税務処理

A社　資本金 5,000 万円＋利益積立金 3,410 万円の会社

B社　資本金 1 億円＋利益積立金 0 円の会社

- -

① B社がA社を 99.99％子会社化（8,409 万円で買収）

子会社株式 8,409 万円／現預金 8,409 万円

② 子会社のA社を清算

現預金 8,409 万円／子会社株式 8,409 万円
株式消滅損 3,410 万円／受取配当金 3,410 万円

（別表 4）

加算　株式消滅損の損金不算入
　　　　→　なし（損金 3,410 万円）
減算　受取配当金の益金不算入　1,705 万円
　　　（益金 1,705 万円）

（別表 5-1）

影響なし

差引 1,705 万円の損金が発生し、
法人税を節税できる（他の利益があれば）。
現時点で違法ではないが、
問題にされるリスクあり！

③ B社を清算

分配金 1 億円－資本金等の額 1 億円＝0 円　みなし配当なし

Q4 会社を設立して、手取りが最大になるように社長の給料を設定したいと思いますが、どのように計算すればいいでしょうか？

　個人事業の税引前利益に応じて、会社を設立したときに社長の給料を何円にすれば手取りが最大になるかを、20 万円きざみで試算してみました。その計算結果を、将来の年金の増加を考慮した場合は 246 ～ 249 ページに、将来の年金を考慮しない場合は 250 ～ 253 ページに掲載していますので、参考にしてください。配偶者控除・扶養控除（38 万円。配偶者控除は所得制限に注意）を使うと少し結果が変わりますので、38 万円の控除が使える場合の社長の給料額も一番右の欄に載せています（これに対応する配当額等は省略しています）。

　なお、考え方としては右の図のようなイメージになります。

　まず、配当には社会保険料が掛かりませんので、利益が少ない場合は、給料でもらうより配当のほうが手取りが多くなります。ですので、利益が 1,000 万円以下の場合は、社長の給料を少額（年収 111 万円など）に抑えます。

　利益がおおむね 1,000 万円を超えると、社長の給料が 111 万円では、会社の所得（法人税計算上の利益）が 800 万円を超えてしまいます。その場合は、法人税が 34％ となってしまうので、配当を増やすより給料を増やしたほうが有利になります。

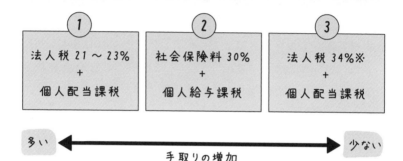

税金・社長の給料支払い前の利益が 2,000 万円以下の場合
（税金・社長の給料支払い前の利益＝個人事業の税引前利益）

①	②	③
法人税 21 〜 23% ＋ 個人配当課税	社会保険料 30% ＋ 個人給与課税	法人税 34%※ ＋ 個人配当課税

多い　◀━━━━━━━━━▶　少ない
手取りの増加

※会社の所得が 800 万円（利益 848 万円程度）までの部分は
法人税率 21 〜 23%（①）、超えると 34%（③）となる。

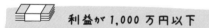

利益が 1,000 万円以下

= 社長の給料を少額（年間 111 万円など）に設定する
（①を多めに、②は少額でもらう）

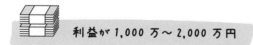

利益が 1,000 万 〜 2,000 万円

= 会社の所得が 800 万円程度になるように社長の給料を設定する
（①は法人税が上がらない程度まで、残りは②でもらう）

●利益が2,000万円を超える場合は

　246ページからの一覧表を見ていただければわかるとおり、利益が2,040万円以上になると、配当を一切もらわずに、利益をすべて給料でもらったほうが有利ということになります。

　これは社長の給料が1,626万円以上になると、社会保険料が上限に達し、それ以上増えなくなるのが原因です。

　では、現実的に、すべての利益を給料として支払ったほうがいいのでしょうか?

　私は、少なくとも848万円程度の利益は会社に残して内部留保したほうがいいと思います。法人税が21～23%であれば、税負担はそれほど大きくはありませんし、内部留保には対外的な信用力を高めるメリットがあります。

　そして将来、会社の経営状態が悪化したときには、給料を減額することもあると思います。そのタイミングで貯めこんだ内部留保を配当すれば、安い税率で生活費を確保することができます。そのほうがトータルで節税になる場合もあります。

　ですので、社長の給料を支払う前の利益が2,000万円を超えていても、超えていなくても、会社に残す利益は848万円程度（所得800万円程度）を1つの目安にしていただければと思います。

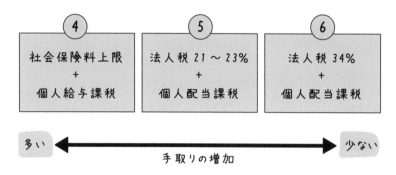

税金・社長の給料支払い前の利益が 2,000 万円超の場合

④	⑤	⑥
社会保険料上限 ＋ 個人給与課税	法人税 21 〜 23% ＋ 個人配当課税	法人税 34% ＋ 個人配当課税

多い ◀━━━━ 手取りの増加 ━━━━▶ 少ない

利益が 2,000 万円超

＝ 配当はゼロ。利益をすべて社長の給料とする
　（④より⑤・⑥のほうが税負担が重い）

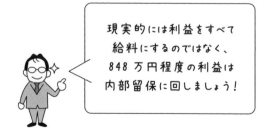

現実的には利益をすべて
給料にするのではなく、
848 万円程度の利益は
内部留保に回しましょう！

社長の手取り（将来の年金も含む）が最大となる金額表

（単位：万円）

給料支払前利益	社長給料（年収）	会社からの配当額	年金を含む手取り	38万円控除あり	
				社長給料	手取り
120	95	0	86	95	86
140	111	3	104	111	104
160	111	19	119	111	120
180	111	35	134	111	136
200	111	50	148	111	151
220	111	66	163	111	167
240	111	82	177	111	181
260	111	97	192	111	196
280	111	113	207	111	210
300	111	129	221	111	225
320	111	145	236	111	240
340	111	160	250	251	254
360	111	176	265	251	270
380	111	192	280	251	284
400	251	81	295	275	299
420	251	97	310	275	314
440	251	113	324	299	328
460	275	107	339	299	343
480	275	122	354	299	358
500	275	138	368	323	372
520	275	154	383	323	387
540	275	170	397	347	402
560	275	185	412	347	416
580	275	201	427	347	431
600	275	217	441	347	446

※税引後利益を内部留保せずに、すべて配当した場合の手取り額です。

給料 支払前利益	社長給料 （年収）	会社からの 配当額	年金を含む 手取り	38万円控除あり	
				社長給料	手取り
620	275	232	456	347	460
640	251	270	469	347	475
660	251	286	482	347	489
680	111	425	496	347	504
700	111	441	510	347	518
720	99	466	524	275	532
740	87	491	536	275	545
760	75	516	549	299	558
780	75	531	562	111	571
800	75	547	575	111	586
820	75	562	587	99	599
840	75	577	600	87	611
860	75	593	613	75	624
880	75	608	626	75	637
900	75	624	638	75	650
920	75	639	651	75	662
940	87	645	663	87	675
960	99	650	676	99	687
980	111	655	688	111	700
1,000	111	669	699	111	711
1,020	347	478	712	347	723
1,040	347	493	725	347	736
1,060	347	509	737	347	749
1,080	347	524	750	347	762
1,100	347	540	763	347	774

社長の手取り (将来の年金も含む) が最大となる金額表

(単位：万円)

給料支払前利益	社長給料（年収）	会社からの配当額	年金を含む手取り	38万円控除あり	
				社長給料	手取り
1,120	347	555	775	347	787
1,140	371	549	788	347	800
1,160	371	564	800	347	812
1,180	371	580	812	347	825
1,200	371	595	824	371	837
1,220	371	610	837	371	849
1,240	371	626	849	371	861
1,260	371	641	861	371	874
1,280	395	635	873	395	886
1,300	395	651	885	395	898
1,320	419	645	897	419	910
1,340	473	613	909	473	922
1,360	473	628	921	473	934
1,380	473	644	933	473	946
1,400	509	627	945	509	958
1,420	509	643	957	509	970
1,440	545	626	969	545	982
1,460	581	609	980	545	994
1,480	617	593	992	545	1,005
1,500	653	576	1,002	581	1,018
1,520	653	592	1,013	617	1,029
1,540	653	607	1,024	653	1,040
1,560	653	622	1,034	653	1,051
1,580	653	638	1,045	653	1,062
1,600	653	653	1,056	653	1,072

※税引後利益を内部留保せずに、すべて配当した場合の手取り額です。

給料 支払前利益	社長給料 （年収）	会社からの 配当額	年金を含む 手取り	38万円控除あり	
				社長給料	手取り
1,620	689	637	1,065	689	1,082
1,640	689	652	1,075	689	1,093
1,660	725	636	1,084	725	1,102
1,680	725	651	1,093	725	1,112
1,700	761	634	1,102	761	1,121
1,720	761	650	1,112	761	1,131
1,740	833	604	1,121	833	1,140
1,760	833	619	1,130	833	1,149
1,780	833	635	1,140	833	1,159
1,800	833	650	1,149	833	1,169
1,820	875	632	1,159	875	1,178
1,840	874	648	1,168	874	1,187
1,860	875	661	1,177	875	1,196
1,880	922	639	1,186	922	1,205
1,900	923	654	1,195	923	1,214
1,920	923	667	1,203	923	1,222
1,940	970	646	1,212	970	1,232
1,960	971	660	1,221	971	1,240
1,980	1,024	634	1,230	1,024	1,249
2,000	1,025	648	1,240	1,025	1,259
2,020	1,025	662	1,248	1,025	1,267
2,040	1,859	0	1,258	1,025	1,276
2,060	1,879	0	1,269	1,879	1,286
2,080	1,899	0	1,280	1,899	1,297
2,100	1,919	0	1,292	1,919	1,308

社長の手取り（将来の年金を考慮しない）が最大となる金額表

（単位：万円）

給料支払前利益	社長給料（年収）	会社からの配当額	（今年の）手取り	38万円控除あり	
				社長給料	手取り
120	95	0	80	95	80
140	111	3	98	111	98
160	111	19	113	111	114
180	111	35	128	111	130
200	111	50	142	111	145
220	111	66	157	111	161
240	111	82	172	111	175
260	111	97	186	111	190
280	111	113	201	111	205
300	111	129	215	111	219
320	111	145	230	111	234
340	111	160	245	111	248
360	111	176	259	111	263
380	111	192	274	111	278
400	111	208	288	111	292
420	111	223	303	111	307
440	111	239	317	111	321
460	111	255	332	111	336
480	111	270	347	111	350
500	111	286	361	111	365
520	111	302	376	111	380
540	111	318	390	111	394
560	111	333	405	111	409
580	111	348	419	111	423
600	111	364	433	111	437

※税引後利益を内部留保せずに、すべて配当した場合の手取り額です。

給料 支払前利益	社長給料 （年収）	会社からの 配当額	（今年の） 手取り	38万円控除あり	
				社長給料	手取り
620	111	379	448	111	451
640	111	395	462	111	466
660	111	410	476	111	480
680	111	425	490	111	494
700	111	441	505	111	508
720	99	466	518	111	523
740	87	491	531	111	537
760	75	516	544	111	551
780	75	531	556	111	565
800	75	547	569	111	580
820	75	562	582	99	593
840	75	577	594	87	606
860	75	593	607	75	619
880	75	608	620	75	631
900	75	624	632	75	644
920	75	639	645	75	657
940	87	645	658	87	669
960	99	650	670	99	682
980	111	655	682	111	694
1,000	111	669	693	111	705
1,020	111	682	704	111	716
1,040	111	695	715	111	727
1,060	111	708	726	111	738
1,080	197	656	737	197	749
1,100	251	625	748	221	761

社長の手取り（将来の年金を考慮しない）が最大となる金額表

（単位：万円）

給料 支払前利益	社長給料 （年収）	会社からの 配当額	（今年の） 手取り	38万円控除あり	
				社長給料	手取り
1,120	251	640	761	251	773
1,140	251	655	773	251	785
1,160	275	649	784	275	797
1,180	299	643	795	299	808
1,200	299	658	807	299	820
1,220	323	653	819	323	832
1,240	347	647	830	347	843
1,260	347	661	841	347	854
1,280	371	656	853	371	866
1,300	395	651	864	395	877
1,320	395	664	875	395	887
1,340	419	659	886	419	899
1,360	443	654	897	443	910
1,380	473	644	908	473	921
1,400	473	658	920	473	933
1,420	473	671	930	473	943
1,440	509	657	942	509	955
1,460	545	641	951	509	965
1,480	545	656	962	545	976
1,500	581	640	971	545	987
1,520	581	655	981	581	998
1,540	617	639	991	617	1,007
1,560	617	654	1,001	617	1,018
1,580	617	667	1,010	617	1,027
1,600	653	653	1,021	653	1,037

※税引後利益を内部留保せずに、すべて配当した場合の手取り額です。

給料 支払前利益	社長給料 （年収）	会社からの 配当額	（今年の） 手取り	38万円控除あり	
				社長給料	手取り
1,620	653	666	1,030	653	1,047
1,640	653	680	1,038	653	1,056
1,660	653	693	1,046	653	1,065
1,680	653	706	1,055	653	1,074
1,700	653	720	1,063	653	1,082
1,720	653	733	1,071	653	1,091
1,740	689	718	1,080	689	1,099
1,760	653	759	1,088	653	1,107
1,780	833	635	1,097	833	1,116
1,800	833	650	1,107	833	1,126
1,820	875	632	1,116	875	1,135
1,840	874	648	1,125	874	1,144
1,860	875	661	1,134	875	1,153
1,880	922	639	1,143	922	1,162
1,900	923	654	1,152	923	1,171
1,920	923	667	1,161	923	1,180
1,940	970	646	1,170	970	1,189
1,960	971	660	1,179	971	1,198
1,980	1,024	634	1,187	1,024	1,206
2,000	1,025	648	1,197	1,025	1,216
2,020	1,025	662	1,205	1,025	1,224
2,040	1,859	0	1,215	1,025	1,233
2,060	1,879	0	1,226	1,879	1,243
2,080	1,899	0	1,238	1,899	1,254
2,100	1,919	0	1,249	1,919	1,265

令和5年度 税制改正について

　令和5年度の税制改正で、本書の内容に関連する部分の概要は以下のとおりです。

①免税事業者が課税事業者を選択してインボイスを発行する場合、売上に掛かる消費税の2割を納税すればよい
　▶インボイス制度開始から3年間

②売上1億円以下の事業者は、1万円未満の仕入等に対するインボイスが不要となる（相手が免税事業者であっても仕入税額控除が認められる）
　▶インボイス制度開始から6年間

③法人税額に対し、税率4～4.5％の付加税を課す（法人税額が500万円を超えた部分のみ）
　▶2024年以降の適切な時期から2027年までに段階的に増税を行なう

④所得税に当分の間、1％の付加税を課す。その分、復興税を1％引き下げて期間を延長する
　▶合計2.1％の付加税となるため、当分の間、現在と納税額は変わらない

※③については、法人税額が500万円になる法人所得は2,438万円ですので、適用される中小企業は少ないと思われます。

おわりに

　本書を最後まで読んでくださった皆さん、本当にありがとうございました。

　個人事業の節税の本なのに、法人成りの話ばかりだったと思われた方もいるかもしれません。実際のところ、個人事業のままでできる節税というのは、ほとんどないのです。

　しかし、これは税金を減らすことばかり考えているからで、最大で102万円も払っている国民健康保険料を削減できるとしたら、それも節税ではないでしょうか？

　ただ、「会社を設立して健康保険料等を安くしよう」というタイトルでは、個人事業の皆さまに意図が伝わらないと考え、本書のタイトルとなりました。

　なお、本書の執筆に当たっては、不動産投資ブロガーとして活躍されている「ゆめたか大家」様に全般に渡ってご助言いただきました。この場をお借りして感謝申し上げます。

　本書が、皆さまの事業の発展の一助になれば幸いです。

斎尾　裕史

著者略歴

斎尾裕史（さいお　ひろふみ）

税理士、中小企業診断士、ＭＢＡ
1975 年生まれ。東京大学農学部卒業後、名古屋商科大学大学院修了。仏教講師、会計事務所勤務等を経て、税理士事務所を経営。個人事業・法人合わせて約 200 社の顧問を務め、節税や経営の指導を行なっている。商工会議所等で行なう節税セミナーは「わかりやすい、役に立つ」と定評がある。著書に『東大卒税理士が教える　会社を育てる節税の新常識』（同文舘出版）などがある。

■連絡先
斎尾裕史税理士事務所
住所　〒444-0041　愛知県岡崎市籠田町36番地　竹内ビル３階
TEL　0564-64-2324
Email　hirofumi@saio.biz
URL　https://saio.biz

東大卒税理士が教える
個人事業主・フリーランスの節税の新常識

2023 年 1 月 17 日　初版発行
2024 年 7 月 1 日　２刷発行

著　者 ── 斎尾裕史

発行者 ── 中島豊彦

発行所 ── 同文舘出版株式会社

東京都千代田区神田神保町 1-41　〒 101-0051
電話　営業 03（3294）1801　編集 03（3294）1802
振替 00100-8-42935
https://www.dobunkan.co.jp/

©H.Saio

印刷／製本：三美印刷

ISBN978-4-495-54132-3

Printed in Japan 2023